놀이로 배우고 성장하는 아이들

놀이로 배우고 성장하는 아이들

초판 1쇄 발행 2024년 12월 16일

지은이 이성대
펴낸곳 배움

교정 이주희
편집 오정은
검수 주경민, 이현

출판등록 제2012-000063호
주소 서울시 마포구 동교로 193, 7층 5호(동진빌딩)
전화 0507-0093-0474
팩스 0303-3445-1816
이메일 gignoston@naver.com
홈페이지 https://m.blog.naver.com/gignoston

ISBN 979-11-973442-6-8(93370)
값 15,000원

• 이 책의 판권은 지은이에게 있습니다.
• 이 책 내용의 전부 또는 일부를 재사용하려면 반드시 지은이의 서면 동의를 받아야 합니다.
• 잘못된 책은 구입하신 곳에서 바꾸어 드립니다.

놀이로 배우고 성장하는 아이들

이성대 지음

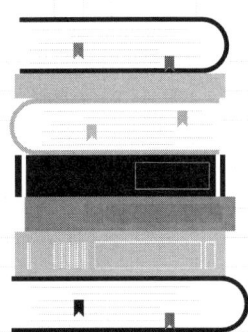

놀이가 아동의 성장에 얼마나 중요한 역할을 하는가?
그것이 적절하고 효과적인 교육적 접근인가?
교육은 인간이 행복한 삶을 살아갈 수 있는 강한 힘을 길러 주는 것이어야 한다.

배움

들어가며

아이 교육이 놀이중심 교육과정으로 전환되면서 현장은 수많은 고민에 휩싸이게 된 듯하다. 코로나의 충격으로 개학이 연기되고 원격수업이 상당 기간 진행되어서 놀이중심 교육에 대한 체감이 낮을 수밖에 없었다.

유치원이나 교사들의 입장에서 보면 다행스럽다(?)고 생각할 수도 있는 시기였다. 소수의 아이들을 대상으로 실험적으로 놀이중심의 수업을 진행하면서 차근차근 준비를 할 수 있었기 때문이다. 그러나 올해 아이들이 본격적으로 등원하면서 놀이중심에 대한 여러 가지 반응과 문제들이 드러나기 시작했다.

먼저 교사들의 고민이 깊어지고 있다. 소수의 아이들을 데리고 수업을 진행할 때는 부딪치지 않았던 문제들이 발견되었다. 새로운 도전과 고민이 시작된 것이다. 사실 놀이중심의 수업은 지금과 같은 다수의 아이들을 한 교실에 몰아넣고 하기에는 적절하지 않으므로 어쩌면 당연한 일이라고 해야 할지도 모르겠다.

이전에도 그리고 지금도 유치원에서 아이들은 놀고 있었다. 그럼 지금까지 놀았던 것과 놀이중심에서 말하는 놀이는 무엇이 다른지 교사들은 혼란스럽기만 하다. 그 차이에 대한 명확한 답을 누구도 주지 못하고 교사들 스스로도 찾지 못하는 경우가 대다수이다.

그리고 아이들이 놀기만 하면 되는지? 그런 교실에서 교사의 역할은 무엇인지? 등 여러 고민이 깊어질 수밖에 없다. 안개가 자욱한 밤

길을 헤드라이트도 없이 목적지가 어딘지도 모르고 달리는 기분일 것 같기도 하다.

부모들도 불안하기는 마찬가지이다. 지금까지는 초등학교나 중고등학교처럼 과도한 수준은 아니지만 그래도 기본적으로 수업의 틀이 눈에 보였다. 선생님들이 매주 보내 주는 소식지에 다음 주에는 어떤 수업을 하고 우리 아이가 어떤 경험을 하게 될지 예상이 되었다. 하지만 놀이중심수업에서는 그냥 놀이를 한다고 하는데 놀기만 해도 되는 건지 걱정이 한가득이다. 아이들이 잘 놀고 즐겁기만 하면 된다고 이야기하는 부모들의 마음속 깊숙한 곳에는 드러내지 않은 욕망이 숨겨져 있음을 간과해서는 안 된다. 때로는 감춰진 욕망의 크기가 수면 아래의 빙산처럼 무엇을 상상하건 그 이상인 것을 경험하게 된다.

특히 만 5세의 경우는 초등학교 입학을 앞두고 있어서 부모들의 불안감과 욕구가 극대화되는 시기이다. 우리 아이가 뛰어나기를 바라지는 않지만 다른 아이들에게 뒤처지는 것은 참을 수 없다. 그리고 그 뒤처지지 않는다는 의미가 얼마나 복잡한 것을 내포하고 있는지, 순진하게 받아들일 수 없는 것은 오랜 경험으로부터 오는 생존 감각이다. 아무튼 초등학교 입학을 앞둔 부모들의 마음이 급해지고 복잡해질수록 유치원에 대한 요구와 기대도 높아진다. 일주일에 5일씩 아이들을 학원으로 내모는 일들이 벌어지는 것이 그리 놀랍지 않은 이유이다.

이런 복잡한 욕망과 고민들이 뒤엉킨 유치원 현장에서 놀이중심수업을 한다는 것은 어떻게 보면 대단히 무모한 도전이 될 수도 있다. 특히 사립유치원의 경우 부모들의 욕구를 외면할 수만은 없는 상황으로 내몰리면서 선택은 더 힘들어지고 있다.

　그럼에도 불구하고 놀이가 지닌 가치와 힘을 이해하는 원장, 교사들은 놀이중심 교육이 나오게 된 배경과 추구하는 방향에 대한 믿음과 외면할 수 없는 눈앞의 현실 사이에서 갈등하고 선택해야 한다.

　이런 과정은 외줄 위에서 눈을 가리고 앞으로 나가는 것도 모자라서 줄 밑에서는 긴 막대기로 밀어 떨어뜨리려는 방해꾼들이 가득한 형상이다. 그렇다고 줄에서 내려오고 싶어도 내려올 수도 없다.

　가장 편한 길은 기존처럼 교사들이 계획한 일정에 따라서 수업을 진행하고 부모들이 요구하는 학습과 특성화 교육을 적당히 섞어 주면 되는 것이다. 그러나 이것도 완전히 안전한 길은 아니다. 교육 당국은 놀이중심 교육과정에 드라이브를 걸면서 유치원을 감시하고 압박한다. 여기에는 평가라는 아주 손쉬운 통제 수단이 강력한 힘으로 작동한다.

　그럼에도 다수의 유치원에서 놀이의 긍정성에 대한 확신으로 놀이중심수업을 제대로 실천하기 위해서 최선의 힘을 쏟아 내고 있다. 그것이 우리 교육뿐만 아니라 우리의 미래를 그나마 낙관하게 하는 근거이다. 아이 단계에서의 교육은 앞으로 이루어질 초중고에서의 배움을 지속하고 확대하기 위한 기초적인 힘을 기르는 역할을 한다. 그래서 아이 교육이 중요하다고 강조하는 것이다. 그 기초가 튼튼하지 못하면 나중에 힘없이 무너져 내리거나 수시로 덧대고 보강하는 수고에 힘을 빼게 된다. 세상에 대한 끊임없는 호기심과 질문, 자유롭고 제한 없는 상상, 편견 없이 주변을 이해하고 협력하는 태도. 이것이 글자 하나를 더 알고 숫자를 더 빨리 익히는 것보다 몇백 배 더 중요한 능력이다. 이것이 뛰어난 연구자와 창의적인 사업가들, 세상을 변화시키는 인물들이 보여 주는 능력이다.

놀이는 이런 역량을 기르는 매우 중요한 과정이다. 놀이가 가진 힘은 바로 아이들에게 이런 태도를 요구하는 것이다. 그 강력하고 놀라운 힘을 발견하고 믿는 사람들은 놀이중심수업을 결코 놓지 못한다.

이 책에서는 이런 놀이가 가진 가치와 힘을 드러내고 발견할 수 있도록 도움이 되고자 한다. 그리고 놀이가 어떻게 아이들 하나하나의 본성을 발견하고 그것이 성장하도록 도울 수 있는지를 밝혀 볼 것이다. 이를 실천하는 과정에서 일어나는 실제의 사례를 통해서 단순히 책상물림의 이론이나 장밋빛 희망이 아님을 보여 주고자 한다.

이 책이 현장의 관리자와 교사들에게는 놀이중심수업을 실천하는 그들의 노력에 대한 지지가, 부모들에게는 놀이를 통해서 아이들이 배우고 성장함을 이해함으로써 불안을 달래는 위안이 되기를 기대한다.

무엇보다 교실에서 아이들을 만나는 것은 그 누구도 아닌 교사들이다. 교사들이 자신이 하는 교육에 대해 확신을 가지고 격려받을 때 그 긍정적인 에너지는 아이들에게 돌아간다. 교사들이 확신을 가지고 수업에 임할 수 있는 힘은 관리자의 지지와 부모들의 신뢰이다. 이런 확신과 지지, 신뢰의 조화가 이루어질 때 아이들은 제대로 배우고 놀라운 성장으로 답할 것이다.

목차

들어가며 ··· 4

1부 | 왜 놀이일까?

놀이의 힘 ··· 12
아이들의 성장을 이끄는 놀이 ······················ 16
놀이중심수업을 위한 원칙 ·························· 20
놀이중심수업에서 교사는 ··························· 27
놀이중심수업에서 관찰과 기록의 의미 ········· 32
놀이를 통한 배움은 어떻게 일어나나? ········· 43
문제설정능력? ·· 47
반성적 사고와 놀이 ··································· 51
AI와 비판적 사고 ······································ 52
물 흐르듯 자연스럽게 빠져드는 열정, 플로우 ········· 54

2부 | 놀이, 천 가지 배움의 길

평균적으로 규정될 수 있는 인간은 없다 ············· 66
맥락을 이해해야 아이를 이해할 수 있다 ············· 69
개별성과 고유성에 주목하라 ·························· 72
질문의 놀라운 힘 ······································· 75
민감성은 인간다움을 드러내는 것 ·················· 89
아이들의 학습 능력은 어떻게 기를까? ············· 95
제대로 된 배움을 위해서 교사는 무엇을 할 것인가? ········ 98
교사는 아이들을 성장시키는 존재 ·················· 101

놀이의 힘을 증명하는 사례들 ·············· 103
놀이학습(Playful Learning) ·············· 105
놀이울과 놀이터 ······················· 108
팅커러는 팅커링한다 ··················· 110
만들기꾼과 이야기꾼 ··················· 112

3부 | 놀이, 교사의 고민은 깊어 가고

어디까지 허용할 것인가? ················ 116
적절한 개입과 지원의 범위는? ············ 117
풍부함보다 결핍을 선물하라 ············· 119
계획은 세우나 고집하지 않는다 ··········· 122
놀이는 여행이다 ······················· 124
아이들을 어떻게 볼 것인가? ·············· 127
어떻게 동기를 유발할 것인가? ············ 128
놀이와 탐색은 분리할 수 있을까? ········· 132
놀이와 일(학습)은 어떻게 다른가? ········· 134
언어와 사고 ··························· 136
놀이에 의식적으로 언어 경험을 제공하라 ··· 138
동료를 믿고 의지하는 교사가 좋은 교사 ···· 142
교사들의 이야기 ······················· 145

1부

왜 놀이일까?

놀이의 힘

　아이들은 놀면서 배운다. 오래전부터 들어 왔던 이야기지만 늘 낯설게 느껴지는 것도 사실일 것이다. 배운다는 것은 공부를 통해서 이루어지는 것이고 우리가 알고 있는 공부는 책상에 앉아서 교과서나 문제집을 열심히 들이파는 것이기 때문이다. 노는 것은 여가의 시간에 공부를 열심히 한 대가로 주어지는, 한가롭게 시간을 보낼 수 있는 보상일 뿐이다. 그것이 배우는 것에는 하등 도움이 될 리가 없다는 것이 우리 안에 깊게 자리 잡고 있는 솔직한 생각이다.
　그럼에도 아이들은 놀면서 더 잘 배운다. 우리가 믿건 아니건 그것은 중요하지 않다. 오히려 우리에게 낯설다는 것에 주목해야 한다. 낯설다는 것은 새로운 것을 의미하며 변화를 촉발하는 원동력이 되기 때문이다.
　우리가 전에는 들어 보지 못한 '즐기면서 일할 때 최고가 될 수 있다' '놀이처럼 일하라'라는 말들은 혁신적인 기업의 당연한 문화가 되었다. 많은 이들이 선망하는 구글의 일터가 그렇고 반려견까지 동행하는 에어비앤비나 페이스북 등의 기업에서 이는 충분히 증명되고 있다.
　그러나 우리는 여전히 머뭇거릴 수밖에 없다. 인간은 자신이 해 오던 것을, 자신이 믿어 오던 것을 쉽사리 버릴 수 없다. 실패가 두렵기 때문이다. 그런데 이런 실패를 두려워하는 성향도 우리가 받아 온 교육의 영향이 크다.

사회가 복잡해지면서 경쟁이 심화되고 경쟁에서 밀려난 사람들이 사회적으로 도태됨에 따라 인간은 실패하지 않으려는 선택을 하게 된다. 실패하지 않는 안전한 삶은 다수의 길을 따라가는 것이다. 이 것이 기존의 행동과 사고를 변화하지 못하게 하는 중요한 장애로 작동한다. 특히 상급학교로 갈수록 경쟁이 치열해지는 우리 사회에서는 한 번의 실수가 돌이킬 수 없는 결과로 이어지게 되므로 더욱 실패를 두려워하는 문화를 만들고 있다.

이렇게 자라나 성인이 되면 변화보다는 안정적인 기존의 방식을 고집하게 된다. 이로 인해 빠르게 변화하는 시대를 이끌어 나갈, 창의적인 사고가 자라날 토양을 만들지 못하고 있다는 우려가 나오고 있다.

놀이는 아이들에게 실패를 두려워하지 않게 만든다. 실패를 즐기게 한다. 실패를 거듭하고 다시 도전하는 도전심, 즉 개척자의 정신을 심어 준다. 개인적으로는 이것이 놀이의 가장 중요하고도 강력한 가치라고 생각한다.

놀이에서 아이들은 죽고 살아나기를 반복한다. 그래야 재미있다. 아무도 술래에게 잡히지 않으면 금세 그 놀이에 싫증을 내게 된다. 술래에게 잡히는 것은 죽는 것이고 실패이다. 그래도 그 실패를 아이들은 즐긴다. 블록을 쌓아 올려 가다가 쓰러지기를 반복하면서도 아이들은 무엇이 그렇게 즐거운지 깔깔거리며 신나 한다. 아이들에게 실패란 두려운 결과가 아니라 그냥 과정인 것이다. 성공으로 가는 당연한 과정이고 그 또한 즐거운 일이 되는 것이다. "실패는 성공의 어머니다."라는 그런 고루한 말을 동원하지 않더라도 아이들은 실패를 통해서 다시 시도하고 그런 어려움을 넘어서는 과정에서 희열을 발견한다. 그리고 마침내 성공할 수도 있지만 성공하지 못한다고 하더라도 실망하지 않는다. 좌절하지 않는 것이다.
 그것이 놀이가 학습과 다른 강력한 힘을 갖는 이유이다.

 교사들은 놀이중심수업을 놀이처럼 즐겨야 한다. 그래야 교사들도 좌절하지 않고 끊임없이 시도하고 도전하게 되기 때문이다. 놀이중심교육은 과거의 목표가 있는 수업과 달리 정확한 목표 지점을 설정하기 어렵다. 아이들이 어떤 성취를 보여야 하는 것인지도 모호하다. 그래서 더 어렵게 느껴지고 끊임없는 회의에 휩싸이게 되는 것이다. 내가 지금 제대로 하고 있는 건지, 도대체 무엇을 하고 있는지 하루에 수십 번도 넘게 자기반성과 연민에 빠져들고 급기야 "나는 좋은 교사가 못 될 것 같아."라는 상실감에 좌절하게 된다. 위로가 되진 않겠지만 선생님 혼자만 그런 것이 아니고 이것은 당연한 과정이다.
 그래서 놀이처럼 수업을 하라고 하는 것이다. 그래야 진정으로 놀이를 보는 눈이 생기게 된다. 아이들이 놀이를 할 때 자기 확신을 가지고 하는 것이 얼마나 될까? 아이들도 자기가 하는 행위가 맞는 것인지? 이대로 하면 내가 세운 목표대로 제대로 될 것인지? 끊임없이 의심하고 불안해한다. 교실에서 끊임없이 "선생님 이거 맞아요?" "다음에는 어떻게 해요?"라고 묻는 아이들을 생각해 보라. 그것이 놀이의 실체이다. 그것이 우리 삶의 실체이고 본모습이다. 우리는 늘 교실에서 모든 것에는 정답이 있는 것처럼 배워 왔고, 또 그대로 가르치지만 사실 우리 인생을 돌아보면 정답이 없는 문제들의 연속이었다.
 우리는 늘 정답을 찾도록 길들여져 왔고 그렇게 강요당해 왔기 때문에 정답이 없는 상황을 견디기 어려워한다. 그래서 아이들보다 어른들이 놀이중심수업에 더 적응하기 어려운 것인지도 모른다.

많은 교육학자나 교사들은 아이들이 학습에 몰입하지 못하는 이유를 삶과 괴리된 지식을 주입하기 때문이라고 한다. 그 정점에 정답을 찾도록 하는 교육이 있다. 정답이 없는 삶에서 정답을 찾으라고 강요하는 수업에 재미를 못 느끼고 몰입하지 못하는 것은 매우 자연스러운 일이다.

놀이중심수업은 아이들의 흥미에서 출발해서 각자의 관심과 재능을 자연스럽게 발현하도록 한다. 이 과정에서 우리가 늘 올바른 교육의 방향이라고 이야기하는 몰입이 일어나고 자기 주도적으로 지식을 구성해 나가게 되는 것이다. 이렇게 지식을 형성해 가는 과정에서 언어, 수학, 과학뿐만 아니라 역사와 사회적 지식, 예술 융합, 신체 활동까지 모든 영역을 아우르는 통합적 학습이 일어난다.

놀이를 통해서 아이들은 서로 협력하고 문제를 해결하기 위해서 주어진 자원의 한계 내에서 적절하게 자원을 활용하는 경험을 한다. 문제를 파악하고 해결 방안을 기획하고 시도하고 평가하며 재도전하는 일련의 과정이 놀이에서는 늘 일어나는 일상적인 일들이다. 우리가 매우 중요하다고 이야기하는 역량과 과정이 모두 들어 있다. 그래서 놀이가 가진 가치와 의미는 무엇보다 강력하다고 하는 것이다. 우리가 왜 놀이중심수업을 해야 하는지에 대한 답은 여기에 있다. 이런 진실은 오래전부터 우리가 발견해 주기를 기다려 왔다. 이미 알고 있었던 것인지도 모른다. 그것을 믿고 실천할지 여부는 우리에게 달려 있을 뿐이다.

아이들의 성장을 이끄는 놀이

교육은 인간이 행복한 삶을 살아갈 수 있는 강한 힘을 길러 주는 것이어야 한다. 이런 교육의 목표와 역할에 도달할 수 있는 길은 다양하다. 어떤 것이 가장 옳은 방법이라고 단정할 수도 없다. 그런 점에서 놀이중심교육에 대한 평가는 '놀이가 아동의 성장에 얼마나 중요한 역할을 하는가?' 그리고 '그것이 적절하고 효과적인 교육적 접근인가?'에 대한 판단이어야 한다.

인간적인 성장에서 매우 강력하고 효과적인 역할을 한다는 점에서 놀이중심교육이 주목을 받고 있다. 놀이는 여러 가지 형태로 나누어지며 아이의 발달 수준과 사고의 발달에 따라서 다양하게 이루어진다.

놀이는 잡기와 빨기 같은 단순 기능의 발달에서부터 상위인지의 형성까지 효과적인 영향력을 발휘한다. 놀잇감을 활용해서 무엇인가를 만들어 내는 단순한 구성놀이조차 창의적인 사고의 발달을 자극한다. 역할놀이와 규칙이 있는 게임에서는 사회적 상호작용과 언어적 상호작용은 물론이고 상황 자체를 조망하고 조절하는 상위인지가 작동하게 된다. 이것은 미래 사회에서 인간에게 요구하는 중요한 역량을 모두 포괄하고 있으므로 놀이의 교육적 효과는 우리가 기대하는 그 이상이다.

놀이의 종류에는 먼저 잡기와 빨기 등, 특별한 놀이 기술이나 상징을 포함하지 않는 단순한 기능적 형태로서의 기능놀이가 있다. 영아기에 이루어지는 단순한 놀이이지만 이런 놀이를 통해서도 영아는 외부 환경과 상호작용을 하면서 감각운동적 도식을 발달시키고 정교화한다.

다음으로 구성놀이는 놀이 자료를 활용하여 창조적으로 무엇인가를 만들어 내는 놀이이다. 놀잇감을 사용하는 조직화되고 목표지향적인 놀이로, 사물을 조작하는 단계에서 구성하는 단계로 진화하는 모습을 발견할 수 있다. 구성놀이에서 아이들은 사물을 상징적으로 사용한다. 교실 환경에서 구성놀이를 위한 놀잇감들이 많이 채워지면 좀 더 구성놀이를 자극할 수 있다. 구성놀이의 질은 놀이 시간의 지속성, 놀이 내용의 풍부성, 놀이 자료의 다양성, 놀이 행동의 연계성으로 평가될 수 있다.

역할, 사물, 공간과 시간이 실제와 다르게 자율적으로 변형되는, 가작화 요소가 내포되어 있는 표상적 놀이로서 상징놀이가 또 다른 유형의 놀이로 정의될 수 있다. 상징놀이의 종류로는 가상놀이, 가장놀이, 상상놀이, 환상놀이, 극놀이, 역할놀이 등으로 탈중심화(대상이 사물이나 타인으로), 탈상황화(유사성이 없는 사물도 상징놀이에 사용), 통합(두 개 이상의 다른 주제를 포함)의 요소가 포함된다. 이 놀이의 특징은 상징화가 일어나는 것인데 상징화는 추상화의 단계로 이어지며 추상화가 가능하다는 것은 비고츠키가 이야기하는 고차적 사고(고등정신기능)가 형성된다는 것을 의미한다. 즉, 놀이를 통해서 아이들의 사고가 발달하게 되는 이유를 보여 주는 것이다.

또 다른 놀이의 유형은 사회극놀이이다. 이 사회극놀이에서는 다양한 역할을 가상으로 수행함으로써 세계가 어떻게 기능하는지 알게 된다. 그 과정에서 새로운 개념을 학습하는 것은 물론 의사 결정과 문제 해결에 참여하게 된다. 다수가 참여하게 되는 이 놀이에서 이루어지는 자연스러운 협력을 통해 아이들은 사회적 상호작용과 언어적 의사소통을 경험하게 된다. 사회극놀이의 중요 요소로 역할의 가작화, 사물의 가작화, 행동과 상황의 가작화, 지속성, 상호작용, 언어적 의사소통이 있다.

　사회극놀이의 특징은 참여가 자유롭다는 것인데 놀이 구성원의 동의가 있으면 언제나 참여가 가능하며, 교사의 소극적 개입이 요구된다. 특히, 사회적 놀이의 중요 요소인 가작화를 위해서 상위인지를 기반으로 한 상위 의사소통이 일어나게 된다. 여기서 일어나는 상위 의사소통은 아이들이 놀이를 하는 도중에 문제가 생기면 일시적으로 놀이에서 벗어나서 놀이 진행에 대해 언급하는 행위를 의미한다. 이렇게 사회적 놀이에서 놀이의 진행에 대해 논의하는 것은 상위인지의 형성을 의미한다. 사회극놀이에서는 이렇게 놀이의 틀 안과 밖을 자유롭게 넘나들면서 놀이 속의 역할, 사물, 상황이나 행동 전반에 대한 계획과 협상이 필요하다. 우리 삶의 모습이 그대로 투영된다.

　높은 연령의 아이들이 어린 연령의 아이들과 함께 놀이를 진행하면서 놀이를 끌어 나가는 연령혼합 놀이를 진행하는 것도 효과적이다. 높은 연령의 아이들이 놀이의 전반적인 계획을 구상하고 이를 어린 연령의 아이들에게 설명하고 역할을 부여하는 등의 놀이 진행은 높은 연령이나 어린 연령의 아이 모두의 사고 발달에 도움이 된다.

　미리 정한 규칙에 따라서 두 명 이상이 상대와 경쟁하면서 승부를 겨루는 놀이의 형태는 규칙이 있는 게임으로 분류할 수 있다. 이런 형태의 놀이는 규칙을 이해하는 논리적 사고와 두 명 이상의 놀이 참여자가 필요하므로 비판적 사고의 형성과 협력의 경험이 이루어진다. 나이 많은 아이나 또래로부터 규칙을 배우고, 자기들 나름의 규칙을 설정할 수도 있으므로 보다 성숙한 상위인지(메타인지)가 발현되며 이 또한 연령 혼합 놀이로 진행하는 것이 효과적일 수 있다.

아이들은 놀이에서 가상적 상황을 창조한다. 이것은 자신이 주변의 세상으로부터 경험한 것을 바탕으로 만들어지는 가상의 세계이다. 이 가상의 세계에서 아이들은 현실을 조정할 수 있고 이 세계에 적응하기 위한 연습을 하며 주도적인 역할에 빠져든다. 놀이를 통해 아이는 자발성과 책임감을 키우고 자신의 역할을 익혀 자아 발달의 기회를 가지게 된다.

Erikson은 놀이가 아이의 심리사회적 발달을 반영하는 단계를 거쳐 발달한다고 하였다. 출생 후 영아는 자신의 신체와 감각운동적 기능을 연습하는 데 초점을 둔 놀이를 하며 12개월이 지나면 점차 자신의 주변 세계 안에서 놀이를 하게 된다. 유치원 시기에 이르면 점차 사회적 기술을 익히고 또래와 상호작용을 하면서 놀이를 하게 되는데, 이 시기가 되면 아이들은 문화와 사회적 역할을 잘 이해하게 되는 것이다. 유치원 아이들 사이에서 역할놀이가 많아지고 이때 역할에 쉽게 빠져드는 것은 이런 이유 때문이다. 이렇게 놀이를 통해서 아이들은 세상을 이해하고 그 안에서 자신의 정체성을 형성해 나가게 된다. 아이들은 스스로 성장하고 세상을 살아가는 힘을 놀이를 통해서 기른다.

놀이중심수업을 위한 원칙

주도권

 아무리 놀이가 아이들을 성장시키고 세상을 살아가는 힘을 길러 주는 긍정적인 면을 가지고 있다고 하더라도 어떤 식으로 노느냐에 따라 그 효과는 크게 달라진다. 놀이중심수업 이전에도 유치원에서 아이들은 놀고 있었다. 그 놀이는 놀이가 아니라고 누가 말할 수 있을까?
 그런데 왜 우리는 놀이중심 교육과정이란 것을 만들어서 새롭게 교육과정의 전환을 시도하고 있는 것일까? 그 이유가 기존의 놀이가 잘못되었다는 의미나 비판은 아닐 것이다. 좋은 놀이와 나쁜 놀이가 있을 수 있을까? 그렇다고 모든 놀이는 같은 것이라는 말은 아니다. 대부분의 놀이는 아이들에게 긍정적으로 작용한다.
 그러나 놀이의 형태는 다르다. 분명히 다르다. 여기서 형태라고 하는 것은 놀이하는 모습이나 유형을 말하는 것이 아니다. 놀이의 주도권에서 큰 차이를 보인다. 놀이의 출발에서부터 놀이가 변화하고 확장해 나가는 과정에서 누가 주도권을 가지고 놀이가 진행되느냐 하는 것이다. 놀이는 아이들이 노는 것이니 당연히 아이에게 주도권이 있는 것인데 무슨 말도 안 되는 이야기를 하나 싶을 수도 있을 것이다.
 놀이를 끌어가고 변화시키며 확장하고 정리하는 과정에 누가 주체가 되는지를 자세히 살펴보면 분명 차이가 있다. 이전의 놀이에서도 아이들은 재미있게 잘 놀았다. 아이들은 어떤 놀이를 해도 재미있어

한다. 그래서 단순히 재미있는 유치원, 재미있는 학교가 되고 싶다면 누가 주체인가 하는 것은 중요하지 않을 수 있다.

그러나 놀이는 단순히 재미에서 그치지 않는다. 그치지 않아야 한다. 놀이를 통해서 기대하는 효과를 얻기 위해서는 누가 놀이의 주체인가가 매우 중요한 문제가 된다. 교사가 어떤 놀이를 할지 계획하고 수업안을 짜고 준비한 수업에 따라서 놀이를 진행해 나가는 것은 외형적으로는 더 활발하고 재미있는 놀이로 보일 수 있다.

그런데 우리가 기대하는 것이 아이들의 내적동기의 유발과 이로부터 발현되는 자기 주도성이라면 이야기가 달라진다. 단순히 재미있어하는 것이 아니라 진지하게 몰입하는 것을 기대한다면 누가 주체인가는 매우 중요한 문제가 될 것이다.

이것이 놀이중심수업에서 첫 번째로 강조되어야 할 원칙이다. 누가 놀이의 주체가 될 것인가? 교사의 주도권에서 아이들의 주도권으로의 전환. 쉽게 말할 수 있고 많이 이야기되는 것이지만 결코 간단하지 않은 문제이다. 교육계가 오랜 기간 해결하지 못하고 지금도 해결되지 않고 있는 난제이므로 가볍게 볼 일이 아니다.

과정에 대한 존중과 실패 즐기기

놀이중심수업의 중요한 원칙으로 아이가 놀이의 주체가 되는 것의 의미를 살펴보았다. 아이의 주도성 외에 또 다른 중요한 원칙으로 과정의 존중을 들 수 있다. 과정의 존중은 놀이에서 일어나는 몰입과 매우 밀접한 관계가 있다. 아이들이 결과에 관계없이 놀이의 행위 자체에 빠져들 수 있는 조건은 과정에 대한 존중으로부터 가능해진다. 놀이 행위 자체에 빠져든다는 것은 놀이에서 몰입이 일어난다는 것을 의미하고 그것은 결과를 의식하지 않는 자유로움에서 오는 긍정적인 측면이다.

물론 마무리가 중요하지 않다는 이야기는 아니다. 어떤 경우든 마무리를 제대로 하도록 하는 것도 교사의 역할이다. 제대로 된 마무리는 집중력을 기르는 효과적인 교육이며 포기하지 않는 도전을 의미한다.

그런 결과만큼 과정의 중요성도 간과해서는 안 된다. 오히려 결과적으로 실패하더라도 과정에서 중요한 경험을 하게 되는 경우가 많다. 아이들은 다양한 경험과 경로를 통한 탐색으로 세상을 이해해야 한다. 그것이 단순한 지식을 습득하는 학습과 놀이를 통한 배움의 차이이다.

아이들은 놀이의 과정에서 여러 가지 시행착오와 실패를 경험한다. 단숨에 이루어 내는 성공보다 여러 번의 실패의 과정이 아이들의 성장에는 더 좋은 자양분이 된다. 멋지게 만들어진 결과보다 시도하고 실패를 거듭하면서 결국 결과물에 도달하는 희열을 경험한 아이들이 진정한 성장을 경험하게 된다.

이렇게 과정을 즐기고 몰입하는 아이들 뒤에는 진심으로 그 과정을 존중하는 교사가 있다. 아이들은 매우 민감하게 어른들의(특히 교사의) 반응을 읽어 낸다. 결과에 더 적극적으로 반응하는 어른들과 교사의 태도는 아이들에게 결과만이 중요하다는 현실적인 교훈을 남긴다. 아이들은 어른들과 교사의 기대에 부응하고 싶은 강한 욕구를 보인다. 그래서 어른들과 교사가 애써 감추려고 해도 무엇을 더 중요하게 생각하는지 정확히 알아챈다. 그래서 어른들은, 특히 교사는 아이들의 과정을 진심으로 존중하는 태도를 가져야 한다. 어떤 방법으로든 결과만 좋으면 된다는 태도는 매우 위험하며 아이들의 올바른 성장을 방해한다.

이것은 놀이의 긍정적인 측면에 실패의 경험이 있기 때문이다. 학습은 정해진 성취 기준과 목표가 있다. 즉 지향하는 결과가 있는 것이다. 그래서 학습에서는 실패가 용인되지 않는다. 아무리 과정이 훌륭해도 결과가 좋지 않으면 소용이 없다.

이에 반해서 놀이는 특별한 목표와 지향하는 결과가 없다. 어떤 방향으로 흘러갈지 누구도 알 수 없다. 전적으로 아이들의 흥미와 관심 그리고 아이디어에 따라서 놀이의 모습과 미래가 결정된다.

이런 놀이의 특징은 아이들이 놀이 자체, 즉 놀이의 과정에 몰입하도록 한다. 전적으로 아이들의 아이디어에 의해서 놀이가 진행되고 변형된다. 이 과정에서 아이들은 여러 번의 실패를 거듭하고 다시 도전하고 또 시도한다. 우리 사회에서 어른들의 실패는 끝을 의미하지만 아이들의 놀이에서 실패는 또 다른 궁리와 시도로 이어지는 과정이다. 그래서 아이들은 실패에 절망하지 않고 그 실패를 즐긴다. 블록으로 높이 쌓기 놀이를 할 때, 아이들은 구조물의 원리를 배운다. 아이들이 블록을 높이 쌓아 갈수록 반복적으로 블록 타워는 무너진다. 무너뜨리고 다시 만드는 과정에서, 배움이 일어난다. 실패로부터 배운다. 교사가 가르치지 않아도 놀이의 부산물로 아이들은 구조의 원리를 배우는데 이것을 행동에 의한 배움이라고 한다. 때로는 아이들이 일부러 블록을 무너뜨리기도 한다. 그래도 아이들은 신이 나서 다시 블록을 쌓는다. 블록을 쌓다가 무너질 때 까르르 웃는 아이들의 즐거운 표정은 실패를 즐기는 것이 무엇인지 잘 보여 준다.

아이들이 실패를 즐기는 이유는 실패는 도전으로 이어지기 때문이다. 아이들의 놀이를 잘 살펴보면 조금씩 더 어려운 과정에 도전하려는 특성을 발견할 수 있다. 아이들은 조금씩 난도를 높여 가면서 놀이를 진행한다. 약간의 도전이 있어야 아이들은 놀이에 몰입한다.

이런 도전의 과정에서 아이들은 진정한 협력을 경험한다. 한 단계 어려운 과제에 도전하게 되면 혼자 해결하기 어려운 경우가 많다. 혼자만의 힘으로 해결하기 어려울 때 아이들은 함께 협력한다.

놀이의 중요한 특징은 자연스러운 협력이 일어난다는 것이다. 놀이의 특성상 혼자 놀기도 하지만 여럿이 어울려서 놀게 되는 경우가 많다. 역할놀이나 상황극 놀이는 여러 등장인물이 필요하기도 하고, 놀이가 복잡해질수록 혼자서 감당하기 어려운 상황이 벌어지기 때문이다. 그리고 놀이가 난관에 부딪쳤을 때 아이들은 자연스럽게 다른 친구의 도움에 손을 내밀게 된다. 이렇게 놀이는 아이들의 자연스러운 협력을 유도하게 되고 협력의 의미를 깨닫는 계기가 된다.

경청하기

적절한 질문과 열린 마음으로 생각의 지평을 넓혀 나가기(융합을 이끌어 내기) 위해서 가장 중요한 것은 경청이다. 경청은 상대방의 의사

소통 목적에 자신의 의사소통을 조정하는 것이다. 대화에는 청자(듣는 사람)와 화자(말하는 사람)가 있다. 화자가 말하는 것에 동문서답이 아닌 올바른 대답을 하기 위해서는 잘 들어야 한다. 잘 듣는다는 것은 상대방을 존중하는 행위이다. 구체적으로 다른 사람의 생각을 존중하는 태도이다. 따라서 경청은 객관적 관점 취하기와 자기 성찰의 기회를 준다. 사람은 누구나 자기중심적이므로 타인의 말을 듣는 것은 주관적인 생각을 객관적으로 볼 수 있게 해 주고 자기 성찰을 할 수 있는 기회를 제공한다. 흔히 경청을 상대방의 말을 잘 들어 주는 것으로 이해하는데 경청은 상대를 위한 것이 아니라 나 자신을 위한 것이다.

경청은 상대적인 것이다. 상대방의 마음에 공감하는 데 도움이 되는데 상대방의 진정한 생각과 마음을 알게 되기 때문이다. 또 경청은 상대방이 나의 마음을 그대로 공감하는 데도 도움이 된다. 누군가가 나를 제대로 알기 위해서도 경청이 필요하다.

소극적 경청과 적극적(반영적) 경청

소극적 경청은 수동적으로 듣기만 하는 형태로 상대방의 의견을 깊이 있게 듣고 질문하고 반박하는 반응(표현)이 없는 듣기를 말한다. 이것은 수용의 태도로 읽힐 수 있어 더 많은 이야기를 할 수 있도록 격려하는 효과적인 비언어적 방법이나, 말하는 사람이 자칫 주제에 집중하지 못하고 초점을 잃을 수 있다.

적극적(반영적) 경청은 상대방의 이야기에 집중하고 있다는 것을 상대가 자각할 수 있도록 표현하는 듣기이다. 상대의 생각을 마음으로 받아들이려는 태도가 기본이 된다. 진정한 의미의 경청은 적극적 경청이며, 이런 경청에는 반영과 공감이 동반되어야 한다.

반영은 의사소통의 과정에서 상대방이 전달하려고 하는 내용에 대해 이해하고 있다는 것을 표현해서 말하는 사람이 자신의 말이 관심을 받고 이해가 되고 있다는 느낌을 받도록 하는 것이다. 공감은 상대의 생각에 이성적인 이해를 넘어서 정서적인 교감이 이루어지는 상태이다.

그런데 경청은 쉽지 않고 잘 안되는데 그 이유는 듣는 태도와 나의 고정관념이 장애가 되기 때문이다. 경청이 잘 되지 않는 경우에는 '나의 고정관념이 상대의 이야기를 왜곡하지 않는지?' '그 사람의 말을 공감할 수 있는 수준에 다다르고 있는지?'를 점검해 보아야 한다. 이해와 공감은 다르다. 이해는 머리로 하는 것이고 공감은 마음으로 하는 것이기 때문이다. 열린 마음으로 들을 준비가 되어 있을 때 경청은 가능하다.

아이들은 어른들이 보는 척, 듣는 척하는 것을 감각적으로 알아챈다. 보고 있지만 진심으로 관심을 두지 않고 보는 것, 듣고는 있지만 귀만 열어 두고 의식하지 않고 듣는 것이 보는 척, 듣는 척이다. 이 보는 척, 듣는 척은 아이들에게 교사나 성인이 자신의 생각이나 의견을 존중하지 않는다는 느낌을 받게 한다. 이때 아이들은 위축된다. 자신감을 잃고 몰입할 수 있는 동력이 사라진다. 이런 경험이 반복되면 아이들은 결국 자신의 생각이나 의견을 창출하는 능력을 잃어버린다. 창의성이 말살되는 과정이다. 경청은 교사와 성인이 갖추어야 할 가장 기본적이고 중요한 덕목이다. 많은 아이들이 있는 바쁜 상황에서 아이들 하나하나의 생각을 따라가는 것은 결코 쉽지 않다. 이럴 때 경청할 수 없으면 차라리 아이를 기다리게 해야 한다. 지금은 너를 경청할 수 없는 상황이지만 너의 말을 들을 때는 경청하겠다는 신호를 보내야 한다. 아이들의 놀이를 바라볼 때 교사에게는 경청하는 자세가 필요하다.

놀이중심수업에서 교사는

놀이중심수업은 교사에게 가르침과 배움에 대한 인습적 방식에 대해 비판적으로 도전할 것을 요구한다.

교사가 주도적으로 이끌어 나가는 놀이에서는 교사의 계획과 교사와 아이들 간의 상호작용이 중심에 있었다면 놀이중심수업에서는 아이들 사이에서 진행되고 있는 무엇인가를 포착하는 것이 교사의 중요한 역할이다.

교사가 던지는 질문이나 주제가 아니라 아이들 속에서 계속 등장하는 질문이나 이슈에 주의를 기울여야 한다. 그것이 아이들의 흥미와 관심으로부터 출발하는 놀이를 이끌어 낼 수 있는 시발점이기 때문이다.

그리고 교사는 아이들이 물체와 상황과 어떻게 만나는지 궁금해해야 한다. 아이들이 사물과 현상을 마주하는 방식은 교사에게 아이들을 어떻게 자극하고 지원해야 할지에 대한 영감을 제공한다. 아이의 관심과 궁금함을 그대로 인정하고 따라갈 수 있는 유일한 길이다.

이런 방식은 교사들에게 익숙한 것이 아니다. 매우 낯선 방식으로의 전환을 의미한다. 이런 전환은 배움과 학습에 대한 새로운 방식의 사유로부터 가능해진다. 원래 교육과정의 전환은 기존과는 다른 방식의 교육적 접근을 요구한다.

그래서 놀이중심수업에서 교사에게 요구하는 중요한 역할은 아이에게 귀 기울이기이다. 여기에서 이야기하는 아이에게 귀 기울이기는 이전의 방식과는 달라야 한다. 아이들의 이야기나 요구를 잘 들어주는 것 이상이다. 놀이를 확장하고 지속하도록 지원하기 위한 전략적 접근으로서 귀 기울이기이다.

교사는 아이들의 놀이에 귀 기울임으로써 아이가 세상을 이해하는 방식과 다양한 의미를 활용하여 더욱 확장된 범위로 탐구하고 더 깊은 배움을 이루어 나가도록 자극하고 지원할 수 있다. 아이들의 도전을 부추기고 지지하는 것을 의미한다.

놀이중심수업에서만 적용되는 것은 아니지만 너무 친절한 교사는 아이들의 성장을 위해서 바람직하지 않을 수도 있다. 친절하지 말라니 이상하게 들릴 수도 있다. 친절한 교사는 아이들이 요구하기도 전에 많은 것을 준다. 아이가 어려움을 겪고 있으면 달려가서 도와준다. 충분한 재료를 준비해 주고 놀잇감을 비치해 둔다. 이런 교사의 노력과 정성은 안타깝게도 긍정적으로 작용하지 않는다. 과잉영양이 아이들의 건강에 도움이 되지 않는 것처럼 교사의 친절함도 아이들에게는 좋은 것만은 아니다.

오히려 불친절한 교사가 되어야 한다. 아이들이 문제에 부딪치면 최대한 개입을 늦추고 기다려야 한다. 아이들이 필요로 할 때 한 걸음 물러서는 지혜도 필요하다. 결핍을 일으켜라. 충분한 자원의 제공이 아이들의 놀이를 확장할 것 같지만 교사가 제공하는 재료나 자원은 오히려 아이들의 상상력을 제한한다. 색종이가 필요할 때 색종이가 풍부하면 그냥 색종이를 활용해서 표현할 것이다. 그런데 색종이가 필요한 순간에 색종이가 없으면 다른 재료를 찾게 된다. 그 다른 재료로 원래 생각했던 표현을 구현해 내기 위해서 아이들은 궁리하게 된다. 결핍이 아이들을 궁리하게 만드는 것이다. 이보다 더 좋은 자극은 없다. 때로는 아이들이 늘 이용하는 종이 박스나 휴지 심과 같은 재료를 아예 치워 버리는 용기가 필요하다. 교사는 고민이 될 것이다. 종이 박스나 휴지 심이 없으면 아이들이 놀이를 중단하지 않을까 걱정하는 것이다. 물론 그럴 수도 있다. 그래도 괜찮다. 그러나 아이들은 도전하는 존재들이다. 종이 박스를 치우면 그것을 대체할 다른 것을 찾아내려고 궁리할 것이다. 약간의 모험을 감수하면 기대 이상의 놀라운 결과를 경험하게 될 것이다. 실제로 많은 놀이의 사례에서 그런 결과를 확인하게 된다.

공간에 결핍이 생기면 아이들은 스스로 공간을 만들어 낸다. 때로는 새로운 공간을 찾기도 하지만 때로는 타협한다. 교실 밖으로 놀이가 확장되기도 하고 놀이와 놀이가 합쳐지기도 한다. 교사는 최대한 아이들의 생각을 수용하려는 열린 마음만 준비하면 된다.

놀이중심수업에서 교사는 아이들이 놀이에 몰입도를 높일 수 있도록 지원해야 한다. 놀이에 몰입하도록 하기 위해서는 아이들의 생각을 온전하게 이해하고 자유롭게 시도할 수 있도록 해 주어야 한다. 아이들의 생각을 이해하는 것은 아이들의 놀이에서 나타나는 개인적 다양성에 의미를 부여하는 사고의 전환이 있어야 가능하다. 기존의 범주화된 평가 기준으로 아이들을 판단하는 방식으로는 개별성을 존중하기 어렵다.

무엇보다 중요한 교사의 역할은 아이들이 안전함을 느끼도록 교실의 문화를 만들어 가는 것이다. 안전함이란 물리적 안전함뿐 아니라 자신들의 생각이 존중받고 지지받고 있다는 믿음을 의미한다. 아이들의 놀이에 대한 연구 결과들을 살펴보면 안정을 느끼는 아이들, 신뢰할 수 있는 환경에 있는 아이들이 제일 자유롭게 논다. 어느 정도의 위험을 감수할 수도 있고 자유로운 시도가 가능한 안정감을 주는 공간에서 아이들의 창의적인 사고가 마음껏 작동하게 된다. 이 안전함에는 충분한 시간의 허용이 포함된다. 결과를 의식해서 아이들을 재촉하지 않는, 천천히 생각하고 시도할 수 있는 여유로운 환경이 아이들을 놀이에 깊숙이 빠져들게 한다. 여유로움은 교사에게도 아이들의 진정한 모습을 발견할 수 있는 기회를 제공한다.

아이들은 다양한 경험을 통해 배우고, 느끼고, 생각한다. 교사는 아이들에게 다양한 경험을 제공해 주어 호기심과 탐구심을 키울 수 있도록 해 주어야 한다. 그리고 지속적인 관찰을 통해 개개인의 관심과 요구를 발견하여, 융통성 있는 교육과정을 운영할 수 있도록 한다. 또한 아이 자신의 방식대로 배울 수 있는 기회를 충분히 제공하여, 창의적 사고의 발달을 지원해 주어야 한다.

아이들과의 상호작용을 할 때는 동기유발을 위한 개방적 질문을 하도록 신경 써야 하며, 아이들이 관심 갖는 것, 탐색하고자 하는 것이 있다면 충분한 시간을 주어 탐구해 볼 수 있도록 지원해야 한다. 그리고 개개의 아이뿐만 아니라 학급 전체를 통솔하고 관리하는 것도 교사의 중요한 역할 중 하나이다.

교사는 지식의 공동 구성자이며, 지원자, 촉매자이다. 교사는 아이에게 일방적인 지식을 전달하는 사람이 아니다. 아이와 함께 그리고 아이가 스스로 지식을 구성해 갈 수 있도록 지원하고 함께 탐구하는 사람이다. 그러므로 교사는 아이의 생각에 귀 기울이고 궁금함을 유지해야 한다. 이것은 아이들을 존중하는 자세이며 아이들이 호기심을 유지하고 탐구할 수 있도록 지원하는 것이다. 지식의 촉매자로서 교사는 아이들 간의 상호작용, 협동학습, 지식의 공동 구성을 자극하고 촉진한다.

교사가 지식의 공동 구성자라고 해서 교사로서 그 역할이 없어진 것이 아니다. 놀이를 통해서 아이들이 지식을 구성하고 학습이 이루어지려면 학습자의 경험 수준과 잠재 발달 수준의 간격인 근접발달영역(ZPD)에서 학습과 인지발달이 역동적으로 일어날 수 있도록 교사의 적절한 지원이 필요하다. 이것이 비고츠키가 말하는 교사의 스캐폴딩(scaffolding)이다.

교사는 자신의 교육목표를 가지고 그 목표를 달성하기 위한 계획을 가지고 있어야 한다. 이 목표를 향해서 아이들을 안내하는 것이 스캐폴딩이다. 교사의 스캐폴딩은 아이의 반응에 따라 설정되어야 한다. 따라서 아이의 반응을 분석하지 않고는 성공적인 스캐폴딩이 수행되기가 어렵다. 즉 교사는 목표와 계획을 가지되 목표를 향해 나아가는 방식과 경로는 아이들마다 다름을 인정해야 한다. 그것은 교사의 계획을 아이들에 맞춰서 포기하고 수정하는 것이다.

놀이중심수업을 위해서는 놀이의 의미에 대해 부모와 공유함으로써 가정에서의 지지를 얻는 일도 간과해서는 안 된다. 이렇게 함으로써 부모가 아이들의 행동에 관심을 가지고 자녀에 대한 이해를 높이고 격려할 수 있게 된다. 부모의 지지와 지원은 교사가 교육적 일관성을 유지하고 아이들의 성장을 위해서 집중할 수 있는 강력한 동력이 된다.

놀이중심수업에서 관찰과 기록의 의미

놀이 읽기

놀이의 의미와 가치를 해석하고 정의하는 것보다 더 우선되어야 할 것은 놀이를 읽는 것이다. 놀이가 전해 주는 이야기를 듣고 놀이를 통해 아이들의 삶을 읽어야 한다.

교사들과 부모들은 놀이를 통해서 우리 아이가 어떤 것을 배우느냐에 관심을 갖고 촉각을 곤두세운다. 특히 교사들은 교육적으로 무엇인가 해야 한다는 부담 때문에 놀이가 들려주는 이야기를 제대로

들을 여유가 없다. 자신의 행위에서 의미를 찾고 자신의 존재 가치를 증명해야 한다고 생각한다. 그래서 놀이 속에서 보이는 아이들의 진정한 모습을 놓치기 쉽다.

그것은 교사들의 기록에서 그대로 드러난다. 놀이중심수업을 제대로 하기 위해서는 놀이를 자세히 관찰하고 그것을 기록하는 것이 핵심이다. 그러나 이 기록이 모두 같은 것은 아니다. 교사가 어떤 것을 더 중요한 가치로 생각하느냐에 따라서 같은 놀이를 바라보아도 기록은 천양지차로 달라진다.

기록은 화가의 작업과도 같다. 아무리 뛰어난 화가라고 해도 세상을 모두 자신의 화폭에 담을 수는 없다. 화가는 자신이 강조하고 싶은 세상의 일부분을 포착해서 자신의 작품으로 드러내게 된다. 우리가 존재하는 세계는 매우 복잡하다. 똑같은 시간에 똑같은 장소에서 그린 2점의 사실적 그림도 예술적 양식이나 화가의 기질에 따라서 서로 크게 달라 보일 수 있다. 전체를 완전히 포착하는 그림이라는 것은 애초에 존재하지 않는다.

니체는 화가가 그리는 대상이 객관적인 세상이 아니라 자신이 좋아하는 것을 그린다는 점을 간파하고 있다.

"자연을 어떻게 속박하여 그림 속에 집어넣을 수 있겠는가? 자연 가운데 아무리 작은 조각이라 하더라도 그것은 무한하다! 따라서 화가는 자연 가운데 자기가 좋아하는 것을 그린다. 화가는 무엇을 좋아하는가? 자기가 그릴 수 있는 것을 좋아한다."[1]

---

1) 알랭드 보통, 《여행의 기술》, 이레, 2004.

기록도 마찬가지이다. 학교에서는 눈에 보이는 그대로 객관적으로 사실을 기록하라고 배운다. 그러나 그것은 가능하지 않은 일이다. 교사는 아무런 편견 없이 있는 사실 그대로를 기록한다고 생각하지만 이런 생각 자체가 편견이다. 교사도 화가와 마찬가지로 자신이 좋아하는 것을, 자신이 바람직하다고 또는 중요하다고 생각하는 것을 기록하게 된다. 이에 대해서 어떤 이들은 아이들의 실수나 다툼까지도 하나도 빠짐없이 기록한다고 반론을 할 수도 있다. 그러나 그조차도 기록해야 할 교사 나름의 이유가 있기 때문에 기록하는 것이다. 우리는 이런 사실을 인정해야 한다. 자신의 주관성과 편견을 인정할 때 우리는 놀이와 아이들이 전하는 이야기에 더 잘 귀 기울일 수 있게 된다.

가끔씩 부모와 상담할 때 부모들이 자신의 아이를 너무 모른다고 이야기하는 것을 보게 된다. 정말 자신의 아이에 대해서 모를 수가 있다. 그러나 모른다기보다는 자신이 보고 싶은 면만 보기 때문일 수도 있다. 교사들은 다를까?

자세히 바라볼 때 제대로 보인다

자신의 주관성을 인정하고 제대로 놀이를 읽고 기록하기 위해서는 어떻게 해야 할까? 좋은 기록을 위해서는 자세한 관찰이 필수이다. 자세한 관찰만이 제대로 사물과 현상을 파악할 수 있게 하기 때문이다.

자세한 관찰과 관련해서 알랭드 보통은 《여행의 기술》에서 존 러스킨의 여행을 소개하고 있다. 우리가 일반적으로 떠올리는 여행과는 다르게 우리의 일상적인 삶 자체가 여행이라는 관점에서 접근하는 방식이다. 매일매일 또는 특별한 순간에 발견하는 세상의 모습도 보는 사람의 자세에 따라서 달라짐을 이야기하면서 잘 발견하는 기술로서 데생의 중요성을 강조한다.

존 러스킨이 데생을 강조한 이유를 주목할 필요가 있다. 그리고 수많은 뛰어난 과학자와 문학가들이 데생을 배운 이유를 제대로 이해해야 한다. 일전에 위대한 화가로 인정받는 피카소의 전시회에 다녀온 적이 있다. 그 전시회에 소개된 그의 작업 과정은 감탄이 나올 수밖에 없었다. 그림 한 점을 완성하기 위해서 무려 50장이 넘는 스케치와 수정이 이루어졌다고 했다. 이러한 과정은 대상을 제대로 이해하기 위한 작가 정신의 진수로 보였다. 대상을 이해하는 것은 이렇게 어려운 과정이다. 그냥 눈으로 슬쩍 훑고 지나가고 폰 카메라에 담는 것으로 대상을 보았다고 하는 것이 얼마나 많은 것을 놓치는 것인지 대부분의 사람들은 평생 모르고 살아간다. 이를 깨닫게 하기 위해서 러스킨은 아무리 아름다운 나무라도 사람의 시선을 1분 이상 끌기 어렵지만, 그 나무를 그리기 위해서는 적어도 10분 이상은 쳐다보아야 한다는 것을 상기시키고 있다. 그러나 중요한 것은 그 10분을 쳐다보면 이전에 발견하지 못했던 새로운 것들이 보이기 시작한다는 사실이다.

데생을 강조하는 이유는 그림을 잘 그리기 위해서가 아니다. 이것은 태도의 문제이다. 대상을 자세히 바라보려는 태도, 지금까지 보지 못했던 대상의 모습을 인식하려는 태도를 갖추도록 하는 데 데생의 참다운 가치가 있다.

교사의 기록도 마찬가지여야 한다. 기록은 놀이가 전해 주는 이야기를 포착하는 작업이다. 놀이를 통해서 아이들이 전해 주는, 자세히 들여다보지 않으면 발견할 수 없는 개인의 본성, 생각의 흐름, 독특한 개성과 탁월함을 경청하는 과정이다. 그래서 스케치를 하기 위해 대상을 자세히 바라보는 것과 같은 태도로 아이들과 놀이를 관찰해야 한다. 물론 쉽지 않은 일이다. 한 교실에 스무 명 이상의 아이들을 데리고 하루를 보내야 하는 교사들에게 이런 요구를 한다는 것이 무리한 일이다. 그런 점에서 교육부와 교육청의 무책임함은 변명의 여지가 없다. 그들이 누구를 비난하고 매도할 자격이 있을까? 교육의 기본도 갖추지 못하는 그들이 제일 먼저 돌을 맞아야 한다. 이런 환경에서 놀이중심수업을 도입한 것은 무모한 것이 아니면 무지한 것이기 때문이다.

그럼에도 불구하고 이런 환경에서도 놀이중심수업을 해야 한다면 길을 찾아야 한다. 그 많은 아이들의 놀이를 따라가면서 한 아이 한 아이의 특별한 생각을 발견하고 격려하고 성장시켜야 하는 교사들의 어려움은 말로 다 하기 어렵다. 현장의 교사들이 가장 어려워하고 고민하는 부분이다. '교실의 곳곳에서 다양한 놀이가 일어나고 있고 여기저기서 교사의 관심과 지원이 필요한 아이들의 요구가 있는데, 교사 혼자서 그 놀이들을 다 좇아 가면서 아이들의 요구를 해소할 수 있을까?' 하는 고민이다. 당연한 문제 제기이고 해결하기 어려운 과제이다. 그래서 교사의 기록은 선택과 집중일 수밖에 없다. 이것은 어른들이 생각하는 잘하는 아이에게 집중한다는 의미가 아니다. 제한된 시간을 쪼개어서 개개의 아이들에게 시간을 배분(선택)하여 유심히 관찰하는 것 (집중)을 의미한다. 이것이 놀이 읽기의 가장 중요하고 기본적인 조건이다. 우리가 바꿀 수 있는 것과 바꿀 수 없는 것을 구분해서 사고할 필요가 있다. 나와 내가 속한 집단의 힘과 노력으로, 할 수 있는 것과 그렇지 않은 것을 명확히 구분하는 현명함이 요구된다.

　우리가 바꿀 수 없는 것은 학급당 아이의 수이다. 내가 담당하는 아이의 수가 적어지면 좋겠지만 현실적으로 쉽지 않은 일이다. 교사가 할 수 없는 일이다. 그러면 교사가 할 수 있는 일은 무엇일까? 첫 번째는 놀이중심수업을 하지 않는 것이다. 이전에 해 온 것처럼 교사가 주도하는 놀이를 진행하는 선택이 있다. 물론 이것도 쉽지 않다. 유치원에서 놀이중심수업을 하기로 방향을 정하였다면 교사 혼자서 그것을 거부하기도 어렵다. 무엇보다 교사라는 이름으로 외면하기도 어렵다. 그렇다면 남은 선택지는 놀이중심수업을 제대로 하는 것이다. 수업을 하되 어떤 식으로 놀이를 읽어 낼지에 대한 전략을 만드는 것이다. 대안적 전략으로 선택과 집중을 고려해 보아도 좋을 것 같다. 우리 교실의 아이들을 일정하게 배분해서 일주일에 한 번은 그 아이들을 집중해서 관찰하는 시간을 배정하는 것이다. 학급당 아이가 24명인 경우는 월요일에서 금요일까지 하루에 5명씩 어떤 아이들을 관찰할지 정하는 것이다. 아이들의 전체적인 놀이를 읽고 지원하면서 그래도 오늘은 반드시 교사가 정한 아이들의 놀이를 집중해서 관찰하겠다는 계획을 가지고 수업에 들어가야 한다는 의미이다. 여기서 오해하지 말아야 할 것은 온종일 그 아이들에게만 집중하라는 것이 아니다. 전체의 놀이를 보면서 그리고 필요한 지원을 하면서도 내가 정한 아이들의 놀이를 일정한 시간 동안 집중해서 살펴보는 것이다. 이것이 5분이든 10분이든 반드시 그 아이들을 보겠다는 의미 있는 행동이 중요하다. 또, 정한 요일에 특별한 것을 발견하지 못한 아이들이 있을 경우 다른 날 다시 집중해서 지켜보는 전략적 유연성도 필요하다. 아무튼 중요한 것은 모든 아이들을 놓치지 않고 관찰하고 그 아이만의 빛나는 순간을 발견하겠다는 교사의 마음이다. 그것이면 충분하다. 어디에 교사의 에너지를 쏟아야 하는지, 일대 전환이 일어나야 하는 것이다. 자신이 이끌어 나갈 수업 준비에 쏟았던 에너지를 아이들에게로 옮겨 가야 한다. 놀이를 읽는다는 의미는 단순히 관찰자에 그치는 것이 아니라 깊숙이 들여다보고 발견하고 해석하는 행위를 말한다.

1) 관찰과 기록작업이란

지금까지 교사들은 학교에서 객관적인 사실 그대로를 기록하도록 교육받았다. 그리고 교실에서 자신의 생각을 개입하지 않고 아이들의 모습을 있는 그대로 기록하는 것이 교사로서 올바른 역할이라고 생각해 왔다.

그러나 잘 생각해 보자. 세상에 완전히 객관적인 사실이라는 것이 존재할 수 있을까? 우리는 누구나 자신의 생각의 창으로 세상을 바라보고 이해한다. 극단적으로 자신이 전혀 경험하지 못하거나 간접적으로라도 경험하지 못한 사실은 이해는 고사하고 묘사할 수도 없다. 인간은 자신이 살아온 문화와 사회 경제적 환경을 기반으로 세상을 보게 된다. 그래서 완전히 객관적일 수는 없는 것이다. 우리가 대상이나 상황을 바라보는 행위도 선택적이다. 내가 관심이 있는 것, 나에게 익숙한 것들에 의해 나의 시각은 제한된다. 우리가 세상의 모든 것들을 다 볼 수는 없다. 똑같은 상황을 볼 때도 사람들은 서로 다른 장면을 기억한다.

그래서 교사는 기록을 할 때 자신의 주관성을 인정해야 한다. 내가 보는 행위는 나의 삶과 경험으로부터 자유롭지 못하다는 사실을 인식해야 한다. 그래서 교사가 기록하는 것은 단지 아이들을 위한 작업만이 아니다. 교사 스스로를 위한 작업이다. 자신이 무엇을 더 중요하게 생각하고 더 관심을 두고 있는지가 드러나는 일이다.

그래서 기록작업이란 단순히 관찰한 것을 기록으로 남기는 것이 아니다. 레지오에서는 기록작업은 놀이를 기억하는 것 그 이상의 것으로 그 내용을 분석하여 의미나 메시지를 전달하는 것까지 포함한다고 이야기한다.

"지금까지 통용되어 왔던 단순히 기억되기 위한 자료로서의 기록을 넘어서 흔적을 남기고 돌이킴을 통해 그 흔적에 대해 해석을 부여하는 행위가 포함됨을 강조하기 위해서 기록작업이란 용어를 선택하였다."[2]

그래서 기록작업은 '대단히 가치 지향적이며, 놀이를 기록하는 사람의 주관성, 즉 그 사람의 시각과 교육적 철학을 드러내는 적극적이

---

2) 오문자, 《레지오 알아가기》, 정민사, 2010.

고 능동적인 행위'이다. 기록작업은 아이들의 놀이를 돌이켜 보고 놀이를 해석해서 놀이의 확장과 심화를 위해 교사가 어떤 지원과 자극을 해야 할지에 대해 반성적으로 성찰할 수 있도록 한다. 여기에 교사가 어떤 교육철학과 가치를 중심에 두고 아이들을 만나고 있는지를 되돌아보게 하는 것이 빠질 수 없는 중요한 목적이다. 교사 스스로 어떻게 아이들을 바라보고 놀이를 이해하고 있는지가 고스란히 드러날 수 있기 때문이다. 그래서 기록작업은 아이들을 위해서도 교사 자신을 위해서도 매우 유익한 작업이다.

  교사가 주도하는 수업에서는 이런 작업이 쉽지 않다. 수업을 이끌어 가면서 아이들의 반응을 살펴보고 인상적인 내용들을 기록하기도 하지만 그것만으로는 충분하지 않다. 아이들의 생각을 들여다보는 노력보다는 자신의 의도가 어떻게 관철되고 작동하는지에 더 관심을 두기 때문이다.
  기록작업은 아이들의 사고를 깊이 있게 경청하는 작업이어야 한다. 아이들의 놀이를 따라가면서 그들의 사고가 어떻게 발전하고 전환되며 확장되는지를 주의 깊게 들여다보고 기록으로 남기는 것이다. 이렇게 이루어진 기록을 통해서만 놀이와 아이들의 생각을 돌이켜 보고 아이들의 사고를 깊게, 넓게 확장시키기 위한 단서를 발견할 수 있다.
  이미 오랫동안 기록의 중요성을 강조해 온 레지오에서는 프로젝트 진행을 위해서 아이들의 활동 과정을 주의 깊게 바라보고 기록으로 남겨야 한다고 강조하고 있다. 그 기록을 반성적으로 되짚어 보는 연구 과정은 교사의 중요한 과제이다. 기록을 통해서 아이들의 관심과 행위의 목적 그리고 사고의 흐름을 이해함으로써 교사는 적절한 자극과 지원을 할 수 있다.

2) 기록작업의 의미와 역할

기록작업은 아이들의 행위와 생각을 경청하는 행위이다. 경청이란 상대를 존중하는 태도를 기반으로 한다. 주의를 기울이고 눈을 마주치며 상대의 생각을 잘 듣는 것만이 아니다. 상대로 인해 내 생각이 바뀔 수 있는 준비가 되어 있을 때 진정한 경청이 시작된다.

기록작업이 경청의 행위라면 이것은 아이들을 존중한다는 것을 전제로 이루어져야 한다. 경청은 아이들의 행위와 생각을 존중하고 가치 있게 받아들이는 과정이다. 아이들의 몸짓, 표정, 말, 생각, 어느 것 하나도 소홀히 하지 않고 교사의 가치관으로 판단하지 않아야 한다. 즉, 아이들을 동등한 인간으로서 인정해야 한다. 가르치고 이끌어 가야 할 대상이 아니라, 서로 생각을 나누고 함께 배워 나가야 할 배움의 동료로 아이들을 바라보아야 한다. 사실 이런 이야기는 듣기 좋은 이상적인 구호로 여겨지기 쉽다.

대부분의 교사들은 늘 학생들을 불완전한 인간으로 여기며 보호해야 하고 심지어는 통제해야 할 대상으로 생각하는 게 사실이기 때문이다. 그러나 아이들이 성인보다 훨씬 창의적이고 유연한 사고를 한다는 것은 수많은 연구에서 이미 증명되었다. 그들에게 부족한 것은 시간과 경험일 뿐이다.

기록작업은 아이에게 그들이 말하고 행했던 것에 대한 구체적이고 가시적인 '기억(memory)'을 제공함으로써 다음 학습을 위한 출발점으로 삼게 한다.[3] 또한 기록작업은 교사의 선택적 행위이다. 교사가 어떤 순간, 어떤 행동과 사고를 특별하게 생각하고 있는지, 즉 아이들에 대한 교사의 관심과 궁금함이 드러나는 행위이다. 이것은 아이들에 대한 교사의 이해와 존중이 전달되는 중요한 매개체가 된다.

또 기록작업은 아이들의 경험을 지원하는 것에 목적이 있다. 그렇기 때문에 계속적으로 발전되어 가는 과정을 포함하고 있으며, 모든 경험이 끝난 후에 해석하고 정리하기보다는 과정 중에도 끊임없는 해석과 조직이 일어난다.[4]

기록작업은 기록이라는 의미에 그치는 것이 아니라 이를 공유하면서 지난 경험을 회상하고 이를 바탕으로 새로운 놀이를 창출하는 계기를 마련하게 된다.

3) 다양한 형태의 기록작업

기록은 여러 가지 형태로 이루어질 수 있다. 일화 기록의 형태가 될 수도 있고 체크리스트나 평가지표의 형태가 될 수도 있다. 각각의 장단점이 있으므로 교사가 자신의 상황에 맞게 기록의 형태를 선택할 수 있을 것이다. 그러나 이런 형식의 문제보다 기록은 어떤 장면과 내용을 기록할 것인지가 더 중요하다.

기록은 아이들의 일상에서 아이들이 보이는 행동과 말 그리고 생각에 대해 귀 기울이는 작업이므로 교사가 중요하게 생각하는 요소들이 빠지지 않고 포함되도록 해야 한다. 따라서 놀이의 전반적인 흐

---

3) 김창숙, 《레지오 에밀리아 교육의 한국 적용에 따른 여정》, 꼬망세미디어, 2012.
4) 오문자, 《레지오 알아가기》, 정민사, 2010.

름을 기록하는 것도 중요하지만 그 과정에서 순간순간 아이들이 주고받는 이야기, 엉뚱하게 일어나는 해프닝 등을 놓치지 않는 것도 매우 중요하다.

중요한 순간을 기억하기 위해서는 짧은 메모, 사진, 녹음, 동영상 등을 활용할 수 있으며 좀 더 생생하게 기록하려면 아이들 놀이 속으로 깊게 들어가야 하는 경우도 있다. 이렇게 기록작업은 교실의 상황과 놀이의 형태에 따라서 다양한 방식으로 이루어져야 한다. 무엇보다 특정한 형식이나 틀에 얽매이기보다 교사의 관점과 선택에 자신감을 갖고 효과적인 기록 방법을 찾아 가는 것이 바람직하다.

놀이를 통한 배움은 어떻게 일어나나?

배움이란 무엇일까? 뻔해 보이는 이 질문이 중요한 이유는 배움에 대한 정의를 어떻게 내리느냐에 따라서 우리의 행동과 접근이 달라지기 때문이다. 지식의 암기와 문제 풀이를 학습하는 것을 배움이라고 정의하면 놀이를 통한 배움이란 터무니없게 여겨질 것이다. 어떻게 해서든 아이들에게 지식을 전달하고 이를 기억하도록 하는 것이 교사의 역할이라고 생각하게 될 것이기 때문이다. 이런 정의에서 놀이는 학습 중간에 아이들에게 즐거운 시간을 선물하는 것으로 여겨질 뿐이다. 완벽하게 짜인 교육과정을 바탕으로 체계적이고 순서화된 교육을 당연하게 생각하게 된다.

　반면 배움을 '아이들이 세상에 대한 민감성을 확장하고, 이로부터 샘솟는 호기심과 질문을 스스로의 방법으로 탐구하고, 이를 통합적으로 이해하는 과정'으로 정의하면 전혀 다른 일이 벌어진다. 놀이의 놀라운 힘이 드러나게 된다. 교사나 성인의 역할은 아이들을 끌고 나가는 것에서 아이들을 따라가면서 자극하고 지원하는 촉진자이자 가이드로 전환된다.

　이렇게 배움에 대한 정의가 바뀌면 아이들이 가지고 있는 일상적인 개념과 사고 양식을 무시한 교육과정, 또는 아이들이 이미 습득한 내용을 암기하도록 하는 것은 무의미하게 된다.

　하이데거는 세계 자체에 대하여 민감하고 개방적인 방식으로 직면해야 함을 강조하였다. 세상을 제대로 이해하려면 민감성과 제한되지 않은 자유로운 사고가 필요하다는 것을 강조한 것이다.

　하이데거에게 있어서 세상에 대한 모든 이해는 전의미(fore meaning)와 새로운 의미 간의 순환이다. 이것은 선입견의 긍정적인 측면을 이야기한 것인데 선입견들은 모든 이해의 출발점으로 새로운 이해의 기초가 된다는 의미이다. 그러나 중요한 것은 자신의 선입견을 인식함으로써 그것을 극복하고 보다 심층적인 이해에 도달할 수 있다는 점이다. 선입견이 옳다는 것이 아니라 그것을 극복할 때 진정한 이해가 가능하다는 것에 방점이 있다.

　놀이의 힘은 아이들에게 세상에 대한 민감함을 기르고 자유롭게 자기만의 생각을 펼칠 수 있게 한다. 자신이 구축한 이론(선입견 또는 전의미)에 따라서 시도하고 확인하는 과정이 놀이에서 자연스럽게 이루어진다. 놀이는 아이들에게 실패에 대한 두려움을 잊게 하는 효과가 있어서 시도하고 확인하며 다시 도전하는 과정의 순환이 활발하게 이루어진다. 학습에서 실패는 좌절과 끝을 의미하지만 놀이에서 실패는 새로운 도전을 위한 출발점이다. 이런 점에서 놀이는 하이데거가 이야기하고 있는 심층적인 이해로 나아가는 긍정적인 순환이다.

  놀이의 이런 특징은 우리가 일반적으로 알고 있는 학문의 탐구 과정과 매우 유사하다. 쉽게 이해할 수 있도록 과학자의 예를 들면 과학자들이 연구를 진행할 때도 한 번에 성과를 얻는 경우는 거의 드물다. 과학자들은 자신만의 민감성으로 연구의 주제를 선정하고 이에 대한 자신만의 이론을 수립한다. 이를 확인하기 위해서 실험의 과정을 설계하고 실험을 진행하고 실패를 거듭한다. 그런데 이 실패는 끝이 아니라 한 발 더 나아가기 위한 토대이자 새로운 출발점이다. 이런 실패를 거듭하고 도전하는 과정에서 원하는 결과를 얻게 되는 것이다. 모든 학문의 과정이 이와 다르지 않다. 놀이와 너무도 유사하지 않은가?

  놀이에서 도전의 의미는 매우 중요한데 새로운 도전은 전이해[5](선입견)를 극복하고 더 깊은 이해로 나아가는 과정이기 때문이다. 실패를 두려워하지 않고 도전할 수 있는 자유로움은 학습을 통해서 얻어지기 어렵다. 놀이를 통해서 얻어지는 힘이다.

  자유로운 사고는 인식의 전환으로부터 나온다. 그 인식의 핵심은

---

5) 전이해는 전의미의 이해라는 뜻으로 필자가 정의하는 용어이다.

우리가 알고 있는 지식이나 과학적 방법론 그리고 객관주의도 다른 선입견과 같은 하나의 선입견에 불과하다는 것이다. 즉, 우리가 알고 있는 객관적인 지식과 과학적 사실들이 실상은 극복해야 할 선입견이라는 것이다. 그러므로 배움은 이런 지식과 사실들을 자유로운 사고로 반성적으로 분석하고 재해석하는 과정에서 일어난다. 기존의 지식을 무비판적으로 습득하는 학습을 통해서는 얻을 수 없는 진정한 삶의 힘이다.

놀이는 세상을 나만의 방식으로 재해석할 수 있는 힘을 길러 준다. 놀이가 강조하는 세상에 대한 민감함으로부터 촉발된 호기심과 질문은 자신만의 추론을 구축하게 한다. 제약 없는 자유로운 생각은 열린 마음으로 세상에 귀 기울이고 자신의 전이해를 극복할 수 있도록 한다. 자신의 호기심과 질문 그리고 열린 생각은 끊임없이 도전할 수 있는 몰입으로 인도하며 실패를 두려워하지 않게 한다.

놀이는 '나'라는 존재가 '세상'을 진정으로 이해하는 자유로운 접근이다. '내가 너를 진정한' 너로 이해하는 방식은 나 자신을 열어 '너의 말에 귀 기울임'으로써 자신의 선입견을 극복하고 깊은 이해에 도달한다는 가장 높은 형태의 해석적 경험이다. 이것이 놀이를 통해 기대하는 핵심적인 가치이다.

놀이를 통해서 아이들은 세상에 대한 깊고 높은 형태의 해석적 경험을 얻게 된다. 따라서 놀이를 통해서 배움이 일어나느냐 하는 것은 무의미한 질문이다. 어떻게 그 배움의 질을 높이고, 다양한 아이들을 재능과 관심에 따라서 지원하고 성장시킬 것인지에 대한 고민이 남아 있을 뿐이다.

문제설정능력?

지식의 습득은 과거와의 대화이다. 논리적 사고와 문제 해결력조차도 당면한 현실의 과제가 관심이지, 미래를 창조하지는 않는다. 미래를 창조하는 작업의 대부분은 윤리적 판단의 영역과 연결되어 있다. 그런 판단 능력은 오직 인간의 고유한 능력이다. 판단 능력이 우리가 길러야 할 핵심적인 사고력이다. 인간의 윤리적 기준은 시대에 따라 변화해 왔다. 우리가 지금 옳다고 믿고 있는 것이 10년 후 20년 후에도 당연한 것으로 여겨지지 않을 수도 있다. 이것은 역사에 대한 가벼운 성찰만으로도 충분히 알 수 있고 발견할 수 있다. 역사를 배우는 이유는 과거에 대한 성찰을 통해 미래를 위한 지혜와 통찰을 얻기 위함이다. 불행히도 우리는 이런 식으로 역사를 배우지 않았다. 역사적으로 보면 사회의 변화, 특히 기술의 발전은 우리 사회의 윤리적 규범에 커다란 도전으로 작용한다. 지금은 도저히 용납할 수 없는 폭력적 행위로 여겨지는 노예제도를 생각해 보자. 현대를 사는 우리들은 어떤 사람이든 다른 사람에게 예속되거나 다른 사람에 의해서 운명이 결정되어서는 안 된다는 커다란 합의를 공유하고 있다. 그러나 노예제도는 수천 년 동안 인류에게 당연한 사회시스템의 일종으로 인정받아 왔다. 윤리와 도덕에 대한 근본적인 질문을 했던 그리스 철학자들조차도, 엄정한 법과 규범의 기틀을 마련했다고 여겨지는 로마 사회에서조차도 노예제도에 대한 어떤 문제 제기도 없었다는 사실은 윤리적 판단에 대한 겸손함을 요구하고 있다.

노예제도가 폐지된 것은 인간의 선한 의지에 기댄 것이 아니다. 노예제도의 폐지는 기술의 발전과 이로 인한 산업구조의 변화로 인한 이해관계에 의존한 경향이 더 크다. 산업혁명의 본산지인 영국이 가장 먼저 노예제도를 폐지한 국가라는 사실과, 미국의 남북전쟁(Civil War) 당시 산업화를 이룬 미국 북부가 노예제도를 금지하고, 농업이 주요 경제적 기반이었던 남부는 노예제도를 유지하기 위해서 싸운 것이 이런 주장을 뒷받침한다. 이렇게 우리가 잘 알고 있는 노예제도와 노예해방의 역사는 당대에는 당연하고 합법적인 것으로 인정되던 윤리도 시간이 흐름에 따라 거부되고 부정될 수 있음을 강력하게 시사한다. 윤리적 기준이 바뀌어 가는 역사를 보면 기술과 산업의 변화가 그 사회의 규범과 판단의 기준에 큰 영향을 미치고 있다는 것을 알 수 있다. 어떤 시기의 개인의 행동이나 판단의 기준은 당시의 역사적 사회적 맥락에 근거해서 이해되어야 한다. 이것은 미래 사회에서 윤리적 기준과 구성원의 판단은 현재의 기준과 달라지게 될 것이고 달라져야 함을 의미한다.

윤리적 기준의 변화가 기술과 산업의 발달에 영향을 받지만 새로운 기술이나 산업의 발전을 이끌어 내고 그 방향을 좌우하기도 한다. 기후변화에 대한 전 세계적인 문제의식과 대응의 필요성에 대한 합의는 신재생에너지 관련 기술에 대한 투자와 성장을 이끌어 내고 있다.

인간의 생명과 관련된 의학 분야와 유전자 관련 산업 분야는 윤리적 기준에 의해서 매우 강력한 영향과 통제를 받는 영역이다. 유전자 편집 기술의 활용은 인류가 겪어 왔던 수많은 질병이나 유전적 장애

등의 고통으로부터 해방을 약속할 수도 있다. 이런 희망적인 기대는 그냥 주어지지 않는다. 지금은 상상하지도 못한 엄청난 대가를 요구하게 될 수도 있다. 이런 기대와 우려 사이에서 우리의 윤리적 기준이 작동하게 되는 것이다. 유전자 기술로 얻게 될 질병 치료와 예견되는 질병 예방의 긍정적인 효과는 명백하다.

그 반면 영화 〈마이너리티 리포트〉와 같은 상황이 벌어지지 않으리라고 장담할 수도 없다. 인간의 신체를 바꾸고자 하는 욕망은 애교 정도로 여겨질 때가 올지 모른다. 실험실에서 인간을 만들어 낼 수 있게 된다면 우리는 그것을 허용해야 할지에 대한 논쟁에 직면하게 될 것이다. 그리고 그것이 지금의 윤리적 기준에서 어떻게 판단되는지는 중요하지 않다.

전 세계를 뒤덮은 COVID-19(코로나-19) 팬데믹 상황은 인류에게 엄청난 시련과 충격을 안겨 주었을 뿐만 아니라 우리의 삶을 바꾸어 놓았다. 팬데믹 상황에서 드러난 새로운 사실은 우리의 삶을 유지하기 위해서 정말 중요하고 기본적인 것들이 너무나 소홀히 여겨지고 있다는 것이다. COVID-19는 우리에게 많은 고통과 죽음을 남기며 궁극적으로 중요한 것이 무엇인지도 선명히 보여 주었다. 이제 우리는 팬데믹 이전의 세상으로 돌아갈 수 없으며 새로운 기준으로 세상을 이해해야 한다. 사회 경제 시스템과 삶의 방식을 재설계하고 재건설을 하지 않을 수 없게 만들었다. 새롭게 문제를 설정하고 이에 따라 나아갈 방향을 제시해야 한다. 문제설정능력이 요구되는 이유로 충분하지 않은가?

기후변화의 문제는 더 심각하다. 팬데믹과 달리 기후변화는 아주 서서히 다가오고 있어서 즉각적인 대응의 필요성을 심각하게 느끼지 못하는 것이 더 위험한 상황을 만들고 있다. 그러나 기후변화의 문제를 되돌리기 위해서는 수천 년의 세월이 더 걸릴지도 모른다. 그러는 동안 우리는 기후변화의 현실을 고스란히 겪어 내야 한다. 전 세계적인 폭염, 폭우, 가뭄, 강추위, 해수면 상승 등과 같은 기후변화로 인한 재난 상황은 이제 드문 일들이 아니다. 인류가 일상적으로 겪고 있는 급격한 환경의 변화는 우리 삶의 방향의 전면적인 수정을 요구하고 있다. 이런 삶의 방향 전환은 새로운 윤리적 기준과 사회 규범의 설정을 불가피하게 한다. 변화를 위해서는 새로운 기술과 산업에 대한 투자를 필요로 할 수도 있다. 이것은 문제 해결의 영역이 아니다. 새로운 문제를 설정하고 이에 따라 사회시스템을 재설계하는 통찰적 전망을 제시하는 것이다. 문제 해결이 아닌 문제 설정이 강조되어야 하는 이유이다.

 문제가 발생하고 나서 해결하는 것은 시간도 많이 걸릴 뿐 아니라 그 과정에 많은 어려움이 도사리고 있다. COVID-19 상황에서 인류가 선제적으로 문제 상황을 예측하고 설정했다면 그리고 국제적 공조를 강화했다면 희생자를 훨씬 줄일 수 있었을 것이라는 연구 결과가 있다. 물론 쉬운 일은 아니다. 그러나 세계가 그 어느 때보다 긴밀하게 연결되고 이런 상태는 더 강화되고 깊어질 것이다. 이런 환경에서 더 안전하고 윤택한 삶을 누릴 수 있거나 그것을 방해할 수 있는 문제를 예측하고 설정해야 한다.

 윤리적 기준을 세우고 판단을 한다는 것은 문제를 설정하는 것이다. 이에 기반한 새로운 기술이나 산업을 창출해 가는 것이 인류의 삶의 방향을 이끌어 나가기도 하지만, 개별 국가의 미래와 운명을 결정하게 되는 중요한 역량이 되기도 한다. 과거 인간 사회에서 1,000년 동안 일어난 변화가 단 몇 개월 동안에 이루어지는 빠르게 변화하는 사회에서는 문제설정능력이 핵심이다. 변화하는 윤리적 기준의 흐름과 기술과 산업의 발전이 서로를 추동하는 관계 속에서 변화와 발전의 방향을 읽고 통합적으로 분석해야 한다.

반성적 사고와 놀이

피아제는 아이들이 실생활의 사물, 즉 '관찰할 수 있는(observable) 대상'과의 접촉에서 '구체적인' 물리적 지식뿐 아니라 '추상적인' 논리수학적 지식을 얻는다고 했다. 예를 들어 아이들이 경사로를 만들어서 물체를 굴리는 놀이를 할 때 그 물체가 점점 빠르게 굴러가는 속도를 인지하는 것은 구체적인 물리적 지식이 된다. 아이들의 놀이는 여기서 그치지 않는다. 경사로의 기울기를 바꿔 가면서 더 빠르게 또는 더 느리게 굴러가는 현상을 경험한다. 더 빠르고 느린 것을 비교하고 그 관계를 아는 것은 추상적 지식이다. 논리수학적 지식을 형성하게 됨을 의미한다. 이 과정은 피아제가 말하는 경험적 추상(empirical abstraction)이다. 이 단계에서 교사의 적절한 개입이 필요하다. 논리수학적 사고를 향상시키기 위해서는 아이들이 기울기에 따른 차이와 그 원리를 이해하도록 해야 한다. 이것은 반성적(성찰적) 사고를 이끌어 내는 교사의 역할에 달려 있다.

AI와 비판적 사고

우리는 흔히 알고리듬(AI를 구성하는 핵심)이 객관적이고 윤리적일 것이라고 믿는다. 이것은 IT 기업들이 끊임없이 시민들에게 주입하고 설득하려고 노력하는 왜곡된 기만적 논리이다. 실제로 알고리듬을 설계하고 결정하는 것은 개인이고, 이 개인은 저마다의 도덕적 기준과 편견으로 무장되어 있는 존재이다. 따라서 우리가 객관적일 것이라고 믿는, 윤리적으로 올바른 것이라고 믿는 기계의 의사 결정은 사실 이 개인의 윤리적 기준과 편견이 기저에서 작동한 결과이다. 이런 사실을 인정하고 인식하는 것은 매우 중요하다.

문제 해결을 위한 가장 기본적인 단계는 문제를 드러내는 것이다. 즉, 문제를 눈에 보이게 만드는 것이다. 이처럼 프로그램 코드(code)에 인간의 주관적 판단과 편견이 반영되어 있음을 인식해야 우리는 알고리듬의 문제점을 파악하고 수정할 수 있다. 기술이 복잡해지면서 수십억 개의 의사 결정이 단 몇 초 만에 이루어지고 집행된다. 기술의 진화로 더 짧은 시간에 더 많은 의사 결정이 이루어질 것이다. 그런데 이 과정에서 어떻게 의사 결정을 내리게 되었는지 알기는 쉽지 않다. 게다가 인공지능을 설계하는 사람들이 설계한 알고리듬이 장기적으로 어떤 결과와 파생 효과를 가져올지 고심하고 진지하게 고려한다는 믿음은 너무 순진한 생각인 듯하다. 이를 보여 주는 사례는 충분히 많다.

우리가 의식하지 못하는 가운데 사용되고 있는 대표적인 AI는 추천 시스템이다. 광고, 상품, 기사 추천 등 이미 우리는 알게 모르게 AI의 시대에 살고 있고 영향을 받고 있다.

인공지능이 특정한 추천을 할 때 사용하는 데이터, 가중치의 설정, 결과를 도출하는 공식 등은 설계자의 가치관에 의해서 의도적이든 아니든 오염되게 된다. 우선순위를 정하고 배제하거나 취할 데이터나 통계자료를 평가할 때 개발자 자신이 중요하다고 생각하는 요소와 자신이 기대하는 결과에 대한 개인적인 가치판단이 기준이 된다.

그리고 알고리듬에 의해서 이루어지는 즉각적이고 자동화된 의사 결정의 논리와 근거를 알 수 없다는 것은 이로 인해 파생될 심각하고 파괴적인 왜곡을 막을 수 없다는 것을 의미한다. 게다가 이 과정에 사람들이 감독하거나 개입하는 것은 매우 어렵다.

불행하게도 우리는 객관적이고 보편적인 윤리적 기준에 근거하고 있을 것이라고 믿고 싶은 개발자[6]의 가치관에 기대를 걸어야만 하는 것이다.

이런 이유로 반성적 사고와 문제설정능력의 중요성을 강조하는 것

---

6) 여기서 개발자는 한 개인을 의미하기보다 최고 의사 결정자 또는 집단을 지칭한다.

이다. 이것은 기술을 개발하고 연구하는 전문적인 영역의 문제만은 아니다. 이런 기술에 노출될 수밖에 없고, 이런 기술을 사용하며 그 영향을 받게 될 모든 사람들의 문제이다. 개인이 그 사회의 가치관이 될 객관적이고 보편적인 윤리를 판단하고 형성해 나가는 과정에서 소외되거나 배제되지 않는 것이 정의롭고 평등하며 자유로운 사회의 기본 요건이다. 그래서 아이들이 놀이를 통해서 게임 규칙을 정하는 것뿐만 아니라 놀이를 이어 나가기 위해서 서로 지켜야 할 최소한의 질서와 규칙을 함께 만들어 나가는 것은 매우 중요한 의미가 있다. 이런 과정에서 문제를 비판적으로 바라보고 새로운 문제를 설정하는 능력이 길러진다. 아이들은 불편함을 느끼고 문제를 인식할 때, 스스로 정하고 만들어 가는 규칙과 질서를 더 잘 지키기도 한다. 주체적인 참여가 주는 긍정적인 효과이다.

물 흐르듯 자연스럽게 빠져드는 열정, 플로우

몰입이라는 개념의 대가인 칙센트미하이는 플로우란, 어떤 행위에 깊게 몰입하여 시간의 흐름이나 공간, 더 나아가서는 자신에 대한 생각까지도 잊어버리게 될 때를 일컫는 심리적 상태라고 정의했다.

우리는 플로우 상태에 빠져들면 그 자체에 행복감을 느끼고 계속해서 그 상태에 머무르려고 한다. 그래서 플로우는 단순하게 열중이라고 정의할 수 없다. 온전하게 빠져들어서 모든 것을 잊어버리는 완벽한 심리적 집중의 상태이다.

칙센트미하이의 연구 결과[7])에 따르면, 플로우는 다음의 8가지 주요 구성 요소를 갖고 있는 것으로 밝혀졌다.
- 개인의 능력에 따라 성공 가능성이 있는 과제(이 경우 과제가 개인의 능력보다 너무 쉬워서도 안 된다).
- 모든 주의가 하고 있는 활동에 완전히 쓰인다.
- 명확한 목표가 있다.
- 즉각적인 성공과 실패에 대한 피드백이 있다.
- 일상에 대해 의식하지 않고 깊은 몰입이 일어난다.
- 행동을 스스로 통제하고 있다는 느낌을 갖는다.
- 자아에 대한 의식이 사라진다. 그러나 역설적으로 플로우 경험이 끝나면 자아감이 더욱 강해진다.
- 시간의 개념이 왜곡된다. 즉 몇 시간이 몇 분인 것처럼 느껴지고, 몇 분이 몇 시간처럼 느껴진다.

발레리나 강수진은 "나는 하루 중 어느 한순간도 발레를 하고 있지 않은 시간이 없었다. 대화를 할 때, 길을 걸을 때 내가 느낀 모든 감정을 내 발레에 쏟아부었다. 진심으로 그 일을 즐기지 않으면 '미친' 듯한 몰입 상태에 빠지기 어렵다. 내가 할 수 있는 가장 즐겁고 재미있

---
7) 미하이 칙센트미하이, 《몰입, FLOW》, 한울림, 2005.

는 일이기 때문에 그렇게 했던 것이다."라고 자신의 자전적 책《한 걸음을 걸어도 나답게》에서 말하고 있다. 무아지경, 몰아의 경지에 도달하는 경험을 몰입이라고 할 수 있을 것이다.

몰입의 힘은 또 다른 측면에서 발견할 수 있다. 우리는 일(노동)을 힘들지만 어쩔 수 없이 해야 하는 고통스러운 과정으로 이해한다. 그래서 워라밸이라든지 일과 삶의 균형을 이야기하면서 여가 시간을 제대로 즐겨야 할 것 같은 강박마저 느낀다. 그러나 연구 결과에 따르면 일이 여가보다 더 즐기기 쉽고, 일을 할 때가 여가의 시간을 보낼 때보다 몰입의 경험을 4배 정도 더 자주 하는 것으로 나타났다.

몰입에 빠져들기 위해서는 목표와 규칙, 도전이 있어야 하기 때문인 것으로 보인다. 이런 조건이 갖추어질 때 우리는 집중할 수 있고 자신을 잊어버리는 무아지경의 상태, 즉 몰입할 수 있게 되는 것이다. 여가를 보낼 때도 자신의 육체나 정신적 자원을 직접적으로 사용하는 활동을 할 때 몰입에 빠져들 가능성이 높다. 육체적 한계에 도전하는 레저 활동에서 몰입을 느끼는 경험을 하는 것이 그런 이유이다.

이런 플로우는 좋은 여건에서만 일어나는 것이 아니다. 오히려 난관과 문제 상황에서 더 자주 경험할 수 있다. 자기 목표가 뚜렷하고 도전을 두려워하지 않는 사람들은 내재적으로 자신의 행동에 동기화되어 있기 때문에 외적인 위협에 쉽게 방해받지 않는다. 그리고 몰입을 위해서는 어느 정도의 긴장이 필요한데 난관과 문제 상황은 이런 긴장을 높이는 효과가 있다. 이렇게 몰입의 경험은 능동적이고 목표가 뚜렷하며 도전 정신을 가진 사람에게 찾아온다.

그리고 명확한 목표는 집중할 대상을 분명하게 하므로 관심이 분

산되지 않도록 하는 역할을 한다. 명확한 목표에 도달하기 위해서는 목표와 관련된 다양한 정보와 지식 그리고 경험의 확장이 필요하다. 이것은 스스로 탐색을 통해서 얻을 수도 있지만 전문가의 도움이나 동료들과의 토론을 통해서도 가능하다. 관련된 정보, 지식 그리고 경험이 많으면 이것들을 통합하는 깊고, 높은 수준의 사고를 할 수 있으므로 목표에 도달하기 수월해진다.

몰입은 한계를 뛰어넘는 힘

이렇게 몰입에 빠지게 되면 자신의 정신적인 역량을 온전히 목표를 향해 쏟아부을 수 있게 된다. 몰입 상태에서는 외적 요인에 영향을 받지 않고 오로지 목표에 몰두할 수 있으므로 효율이 극대화되고 기대 이상의 성과를 올릴 수 있다.

그러나 몰입이 일어나기 위해서는 개인적 역량과 몰입 대상의 난이도가 중요한 요인으로 작용한다. 이 두 가지 요인은 서로 연결되어 있는데 몰입을 위해서는 개인의 역량에 따른 적절한 난이도가 주어져야 한다. 결국 난이도가 문제인데 개인의 역량에 비해 너무 낮거나, 너무 높은 난도의 목표는 몰입을 방해하는 요인이 된다. 즉 너무 쉬운 목표는 쉽게 심심하고 지루해지고 도전 의식을 발동할 수 없으므로 몰입에 도달할 수 없다. 이에 반해서 개인의 역량에 비해 너무 어려운 과제는 두려움을 주고 지레 포기하게 만든다. 도전할 엄두가 나지 않게 한다. 전문가들은 개인의 역량이 너무 낮으면 시행착오를 반복하게 되어 몰입에 이르는 것을 방해하므로 개인의 역량을 높이기 위한 노력이 우선되어야 한다고 조언한다. 즉 기초적인 지식의 필요성을 의미하는 것으로 어떤 주제에 대해 아무런 배경지식이 없는 상태에서 그 주제에 대한 토론을 시키면 효과가 떨어지는 것과 마찬가지이다.

여기에 몰입을 효과적으로 지원하기 위해서 적절한 피드백과 명확한 목표의 설정이 필요하다. 사람들이 게임에 몰입하는 이유는 결과가 바로바로 확인이 되기 때문이다. 이에 비해서 학습은 시험을 보기 전까지는 결과를 확인하기 어렵기 때문에 몰입이 쉽지 않다. 이를 보완하기 위해서 정기적인 시험 외에도 쪽지 시험을 중간중간 보는 것이 효과적이라고 알려져 있다. 즉 적절한 피드백이 필요하다는 것이다. 그리고 명확한 목표의 설정인데 목표의 설정은 확실한 동기를 부여한다. 게임에서는 자신이 도달해야 할 랭킹이나 해결해야 할 미션이 명확하다. 도달해야 할 목표가 명확하므로 행동해야 할 동기가 명확하다. 학습이나 일에서도 이렇게 명확하고 시간적으로 길지 않은 기간에 달성해야 할 목표를 설정하는 것이 몰입에 중요한 요소이다.

대부분의 사람들은 가벼운 수준의 몰입을 경험한다. 반면에 어려운 수학 문제를 두고 고민하다 보면 어느새 시간이 훌쩍 지나 본 경험이 있을 수도 있다. 보고서나 포트폴리오를 만들면서 컴퓨터 앞에 앉아 있으면 몇 분 정도 작업했다고 생각했는데 몇 시간이 지나간 경험이 있을 것이다. 이런 몰입의 경험을 의식적으로 반복하고 그 수준을 높여 가면 최상의 몰입에 도달할 수 있다. 몰입도 연습이 필요하다.

뛰어난 학자나 예술가들의 공통점 중 하나는 최상의 몰입을 경험했고 그것을 즐겼다는 점이다. 또한 이들이 지적하는 것은 자신들의 성과가 탁월한 지적 능력에 있는 것이 아니라 끝까지 포기하지 않는 시간의 양에 있다는 것이다. 아인슈타인은 "나는 몇 달이고 몇 년이고 생각하고 또 생각한다. 그러다 보면 아흔아홉 번은 틀리고, 백 번째가 되어서야 비로소 맞는 답을 얻어 낸다."라고 했다. 탁월한 지적 능력이 아니라, 의문을 가지고 그 의문에 매달려서 몇 달이고 몇 년이고 생각하는 몰입이 문제를 해결하는 열쇠라는 것이다. 하늘의 별을 관측하면서 걷다가 웅덩이에 빠진 탈레스의 경우도 마찬가지이다.

몰입을 위한 조건

몰입은 갑자기 이루어지는 것이 아니다. 처음부터 몰입을 잘할 수 있는 것도 아니다. 가벼운 수준의 몰입에 빠져들면서 그 즐거움을 경험하면 점점 더 몰입하려는 시도를 하게 된다. 이런 과정에서 지적 능력이 향상되면서 과제의 난도가 높아지면 높아질수록 최상의 몰입에 도달하게 된다.

몰입에 빠져들기 위해서는 '어떻게(분산적 사고)'보다 '왜(집중적 사고)'를 하는 것이 좋다. '왜'라는 물음이 훨씬 생각을 집중하는 데 도움이 된다고 한다.[8] 즉 근본적이고 본질적인 질문을 던지라는 것

---
8) 황농문, 《몰입》, 알에이치코리아, 2007.

으로, 이로써 표면적인 현상에 눈길을 뺏기지 않고 보다 핵심적인 목표에 집중할 수 있기 때문이다.

또 다른 요인은 시간이다. 몰입에 들어가기 위해서는 충분한 시간이 필요하다. 조급하게 결과를 얻으려는 마음을 누르고 천천히 생각(Slow Think)하는 여유를 가져야 한다. 몰입에 들어가기 위해서 시동을 거는 시간이 필요하기 때문이다. 아이디어는 원한다고 해서 금방 떠오르는 것이 아니기 때문에 천천히 여유롭게 생각하면서 조금씩 아이디어의 질이 높아지는 경험을 하는 것이 필요하다. 이렇게 아이디어가 한 단계씩 성장하는 경험은 생각하는 것 자체의 쾌감으로 이어지고, 이 쾌감이 지속되도록 하여 다시 몰입의 경지를 높여 간다. 이런 단계에 이르기까지는 일정한 정도의 시간이 필요하므로 몰입에 빠지도록 하기 위해서는 조급한 마음을 가지지 않고 평온하게 생각에 집중할 수 있는 여유로운 환경을 제공하는 것이 매우 중요하다. 천천히 생각하고 집중하는 노력이 필요한 이유로 황농문 교수는 "1분밖에 생각할 줄 모르는 사람은 1분 걸려서 해결할 수 있는 문제밖에 못 푼다. 60분 생각할 수 있는 사람은 그보다 60배나 난도가 높은 문제를 해결할 수 있으며, 10시간 생각하는 사람은 600배나 난이도가 높은 문제를 해결할 수 있다."라고 강조하고 있다.

뉴턴이나 아인슈타인, 파인만과 같은 뛰어난 업적을 이룬 사람들의 공통점은 고도로 집중해서 사고를 하는 몰입적 사고를 했다는 것이다. 즉 이들은 천재라서 집중력이 높은 게 아니라, 집중력이 높아 천재가 됐다.[9] 몰입적 사고를 교육으로 연결한 것이 유대인의 하부

---
9) 황농문, 《몰입》, 알에이치코리아, 2007.

르타 교육이다. 하부르타 교육은 어려서부터 답이 없는 질문으로 스스로 생각하도록 하는 습관을 기르고, 이것을 반복함으로써 몰입적 사고의 능력으로 연결하는 교육이다. 이 교육으로 세계 인구의 0.5%에 불과한 유대인은 노벨상 수상자의 23%를 차지하고 있다.

몰입과 아이의 성장

아이는 본능적으로 탐구적인 성향과 호기심을 갖고 있다. 이것은 인간이 진화를 통해 축적해 온 능력이므로 아이들은 자연스럽게 몰입 상태에 진입할 수 있는 바탕을 가지고 있는 것이다. 그래서 몰입을 방해하는 사회적 요인에 덜 영향을 받은 아이들은 성인에 비해 놀이, 상상력을 통한 활동, 예술 활동 등에서 몰입 경험을 자주 하게 된다.

몰입에 필요한 적절한 수준의 도전은 간단한 놀이에서도 주어질 수 있다. 즉 간단한 놀이도 아이에게는 큰 도전이 될 수 있으며, 이러한 경험들이 성장과 발달에 큰 영향을 미친다. 놀이중심수업이 아이들의 몰입을 유도할 수 있으며 이를 통해 몰입적 사고를 할 수 있는 능력을 기르게 되는 것이다.

몰입은 해야 하는 일과 즐기는 놀이를 하나가 되도록 만든다. 그리고 이것이야말로 몰입이 가진 탁월함인데 몰입 상태는 자신감을 높여 주고 호기심을 강렬하게 자극한다. 이렇게 호기심이 극대화되면 기대와 부담을 즐기게 되고, 해야 할 일이 즐거운 놀이가 되는 극적인 전환이 이루어져서 생산적 성과로까지 이어질 수 있다. 일을 놀이처럼 즐기는 걸 가능하게 하는 것이 몰입의 힘이다. 세계적인 기업들이 몰입을 이끌어 내기 위해서 업무 공간을 놀이 공간처럼 꾸미는 이유도 다르지 않다.

감각적인 체험과 놀이를 통해 몸과 마음의 발달이 촉진되고 문제 해결 능력과 창의성이 발달된다. 놀이는 상상력을 자극하여 아이들이 새로운 방법으로 문제를 해결하려는 동기를 부여한다. 강력한 동기로 어려운 문제에 집중해서 생각하는 몰입적 사고는 뇌의 다양한 영역을 자극하여 지적 성장에 긍정적인 영향을 미친다.

어려운 문제에 도전하고 성공하는 경험은 자신에 대한 믿음 즉 자기효능감을 높여 준다. 그리고 어려운 문제를 해결하기 위해서 친구들과 협력하고 대화하면서 사회성을 발달시킨다.

아이의 몰입을 지원하는 방법

놀이를 통해서 아이들의 몰입을 지원하기 위해서는 적절한 환경의 조성이 필요하다. 아이들이 안정감을 느끼고 자유롭게 사고할 수 있도록 안전하고 창의적인 놀이를 할 수 있는 환경을 마련해야 한다. 안전한 공간에서 아이들은 자유롭게 탐구하고 놀 수 있으며 호기심과 창의성을 자극한다.

몰입에 도달하기 위해서는 적절한 도전과 지원이 필요하다. 아이들의 능력에서 약간 어려운 수준의 놀이나 활동에 도전하도록 자극하고 필요한 경우 적절한 피드백과 지원으로 성공의 경험을 쌓아 가도록 해야 한다.

몰입을 위해서는 다양한 체험도 중요하다. 예술, 음악, 운동, 자연 체험 등 다양한 경험을 통해 아이가 자신의 관심과 재능에 따라서 능력을 발휘할 수 있는 기회를 제공해야 한다.

결론적으로 몰입은 아이들의 성장과 창의적 사고를 위해서 매우 중요한 역할을 한다. 몰입을 위해서는 적절한 환경의 조성, 도전과 지원 그리고 다양한 경험이 필요하다. 이런 과정은 놀이를 통해서 가장 효과적으로 제공될 수 있는데 놀이와 탐구를 통해 몰입을 경험한 아이들은 자기효능감과 협력의 가치를 이해하고 지적 성장도 이루게 된다.

2부

놀이, 천 가지 배움의 길

평균적으로 규정될 수 있는 인간은 없다

　독일 뮌헨대학교 고고학과 석사 과정에 재학 중이던 빈첸츠 브링크만은 그리스 조각가들이 작품을 만드는 데 사용한 도구들을 조사하다가 놀라운 사실을 발견했다. 특수 조명을 조각상에 비추자 다양한 색을 칠한 흔적이 뚜렷하게 드러난 것이다. 다른 조각상들도 마찬가지로 대부분 색을 칠한 흔적이 남아 있었다.
　더 놀라운 것은 한 번 색칠 자국을 확인하자 이제는 조명 없이 맨눈으로도 색칠 자국이 보이기 시작했다는 사실이다. 그저 눈을 가리고 있던 편견이 사라졌을 뿐인데, 모든 게 다르게 보이기 시작했다. 편견은 우리의 눈만 가리는 것이 아니다. 세상을 바라보는 우리의 의식도 편견에 의해 심하게 왜곡되기도 한다.

　교육 분야에서 중대한 편견은 평균주의에 대한 맹신으로부터 비롯하고 있다. 현대 사회의 거의 모든 일원들이 무의식적으로 공유하고 있는 평균주의의 2가지 개념은 케틀레의 평균적 인간 개념과 골턴의 계층 개념이다.
　벨기에의 천문학자가 도입한 평균적 인간이라는 개념은 오늘날 의사들, 중산층, 무슬림과 같은 집단적 동일시의 편견을 만들어 냈다. 이는 한 집단의 전체 구성원들이 일련의 공통적 특징에 따라 행동한다는 식으로 사람들을 단순화해 생각하려는 경향이다. 평균적 인간이라는 개념은 이미 우리 의식 속에 뿌리 깊게 자리 잡고 있다. 평균적 인간 개념이 위험한 이유는 무한하게 다양한 유형들의 특징을 제한된 특정 유형으로 나누는 데서 온다. 어떤 개인이든 그들이 속한 그룹의 유형을 알면, 그 개인의 특징을 예측하는 데 유용하게 적용할 수 있다는 믿음을 심어 준 것이다.

골턴의 계층 개념은 사람들을 평균보다 얼마나 월등하거나 열등한가로 계층화한 것이다. 우열반이 당연하게 받아들여지는 일반적 인식을 보면 평균주의가 얼마나 뿌리 깊게 자리 잡고 있는지 알 수 있다. 우리가 편견에 사로잡혀 있음을 부정하기 어려운 증거이다.

이런 편견이 위험한 이유는 사람들의 진정한 재능조차 평균이라는 잣대에 의해서 외면당한다는 것이다. 그 대표적인 것이 시험제도이다. 시험은 특정한 영역에 제한된 인간의 역량을 측정하는 도구임에도 그 사람의 모든 능력을 대표하는 것으로 오용된다. 시험은 다양한 분야의 지식을 측정하거나 역량을 파악할 수 있는 효율적인 수단이기는 하다. 편리한 방법인 것이다. 그러나 대부분은 각각 영역별 능력을 활용하는 것이 아니라 총점이라는 단순화한 정보에 모든 역량을 묻어 버린다. 총점으로 대표되는 정보에는 개별적인 재능과 역량은 무시된다. 편리한 것에는 대가가 따르기 마련이다.

그러나 인간의 능력이 들쭉날쭉하다는 것을 인정한다면 이런 식으로 평균이라는 뭉뚱그린 기준으로 그 사람을 평가한다는 것이, 얼마나 불합리하고 폭력적일 수 있는지 이해할 것이다.

이런 방식에 길들여진 우리는 쉽게 사람들의 독특한 재능을 간과한다. 그런데 이런 재능이 특이하거나 숨겨져 있던 것이 아니다. 이미 진정한 재능이이라고 알고 있었던 것들이다. 그동안 쭉 알고 있어 왔지만 평균적 관점에서 외면해 왔기에 들쭉날쭉한 인간 재능의 특성은 의식하지 않으면 발견할 수 없는 것들이다. 우리에게 필요한 것은 재능을 구별할 특별하거나 새로운 방법을 찾는 것이 아니라, 그 재능들을 알아보지 못하게 눈을 가리는 편견을 걷어 내는 것이다.

 의식하지 못하는 순간에 우리는 편견의 눈으로 아이들을 바라보게 된다. 편견 없이 적어도 심한 왜곡 없이 아이들을 바라보려면 우리가 우리 안에 편견이 자리 잡고 있음을 인정해야 한다.
 인정하고 의식할 때 편견이 우리의 눈을 가리는 순간에 편견에 저항하는 힘을 갖게 된다. 비로소 아이들의 재능과 장점이 들쭉날쭉하다는 것을 알아채게 된다. 아이들의 행동과 생각에는 타당한 맥락이 있다는 것을 발견하는 눈을 가지게 된다.

 특히 교사가 아이들의 들쭉날쭉한 측면을 인정하고 인식하게 되면 그 아이들의 잠재적 재능을 발견할 수 있는 눈이 떠진다. 개개인마다의 재능과 가능성을 끌어내고 발전시키고 성장시킬 수 있도록 지원하고 자극하는 교사 본연의 역할을 하게 된다.
 교사의 이런 역할의 또 다른 중요성은 아이들로 하여금 자신의 들쭉날쭉성을 인식하게 한다는 것이다. 자신의 들쭉날쭉성을 인식하게 되면 재능에 대한 단순하고 편협한 관점에 지배당해서 자신의 가능성을 스스로 제한하는 속박으로부터 벗어날 수 있다. 교사의 관점 변화는 아이들이 스스로의 재능에 대한 확신과 자기 성장에 대한 자신감을 갖도록 하는 중요한 변곡점이 된다.

맥락을 이해해야 아이를 이해할 수 있다

　아이들의 재능과 잠재력을 이해하기 위해서 우리에게 요구되는 또 다른 관점의 전환은, 아이들의 행동과 생각은 특정한 맥락에서 이루어진다는 점이다. 이것은 타인을 지원하고 성장시키는 역할을 맡은 사람, 즉 교사와 상담가 등에게 특별히 요구되는 관점이다. 맥락의 관점에서 타인의 말이나 행동을 이해한다는 것은 누군가가 하는 말이나 행동으로 그 사람을 평가할 때 특정한 상황에서 판단해야지 그것을 일반적인 특성으로 일반화해서는 안 된다는 것이다. 친구들 사이에서 유쾌하고 활발하다고 해서 가족들과 있을 때도 그런 성향을 보일 것이라고 믿는 것은 섣부른 판단이다. 이런 일반화는 크게 위험하지 않을 수도 있지만 교사나 부모가 문제라고 생각하는 행동이 일어날 때는 일반화는 매우 위험한 접근이 된다. 특정한 순간과 상황에서 일어난 아이의 공격적인 행동을 그 아이의 본래의 성향으로 일반화하기 쉬운데 이런 오류에 빠지지 않기 위해서 맥락적 관점이 필요하다.

　맥락의 관점으로 전환되면 아이들이 자신의 관점에서 좋지 않다고 생각되는 행동이나 말을 할 때 한 템포 늦춰서 반응하게 된다. 그 아이가 왜 그런 식으로 행동하는지를 따지는 대신 맥락의 관점에 따라 '저런 맥락에서 저런 식으로 행동하는 이유가 뭘까?'라는 궁금함이 앞서게 되는 것이다.

　자신이 판단할 때 좋지 않게 생각되는 행동을 보면 잠시 반응을 보류하며 먼저 그 사람의 그런 행동이 적용되지 않는 사례를 찾아보는 여유를 갖게 되어 보다 긍정적인 역할을 할 수 있게 된다.

또 한 가지, 우리가 일반적으로 범하는 중요한 오류는 인간의 성장에 정상적인 경로가 존재한다는 믿음이다. 이런 믿음으로 우리는 아이들이 태어나서 기고 걷게 되는 과정이든, 언어를 습득하고 운동을 배우는 과정에서든 어떤 특정 목표에 이르는 경로가 존재한다고 생각한다. 마치 등산을 할 때 앞서 걸어간 사람이 닦아 놓은 등산로를 따라가듯 인간의 성장에도 그런 따라가야 할 경로가 있다고 믿는 것이다. 객관적이지도 과학적이지도 않은 잘못된 신념으로 인해 인류 역사를 얼룩지게 만든 수많은 오류들 중의 하나이다. 이런 잘못된 신념은 다른 민족이나 같은 집단 내의 소수자를 차별하고 탄압한 수없이 많은 흑역사를 만들어 왔고 그것은 현재진행형이다. 정상적인 경로에 대한 믿음도 그런 왜곡된 신념의 하나이다. 교육에서 정상적인 경로가 있다고 믿는 사례는 학제와 교육과정이 대표적이다. 나이에 따라 구분되는 학년제나, 과목에서 거쳐야 할 단계들과, 학습 시간이 정해져 있다고 믿는, 대다수가 의심조차 하지 않는 교육제도가 그 사례이다. 인간의 생물학적 성장에 경로가 있다고 믿었던 게젤의 신념은 불필요한 치료와 부모들의 불안감만 조장하였다.

그러나 정상적인 경로를 부정하는 사례는 너무도 많다. 파푸아뉴기니에서 원주민인 오(Au)족의 아이들이 배로 기는 과정을 거치지 않고 바로 앉아서 움직이고 걷게 되는 것은, 그들의 생활 터전에서 터득한 지혜가 축적된 결과이지 잘못된 경로가 아니다. 칸 아카데미의 성공은 학습자마다 개별적인 학습 속도에 따른 독자적인 경로를 인정함으로써 얻어진 결과이다. 피셔는 아이들이 낱낱의 단어를 읽을 줄 알게 되기까지의 순서가 사실상 3가지로 다름을 발견했다. 이 중 두 그룹은 읽기 습득에 비슷한 성과를 얻었지만 한 그룹의 아이들은 나중에 읽기에 심각한 문제를 보였다. 마지막 그룹에 속하는 아이들은 보통 저능층이나 장애아로 분류됐었으나 피셔의 연구로 인해 결점이 있는 경로로 진행된 것이 원인이라는 점을 인식함으로써 개입과 보상적 지도 같은 특화된 형태의 지도를 받을 수 있었다. 이런 실험의 결과로 피셔는 "발달의 사다리는 없다. 우리 각자가 저마다 발달의 그물망을 가지고 있다."라고 결론지었다.[10]

이렇게 많은 심리학자와 과학자들의 실험이 보여 주듯이 신체적 발달이든 사고의 발달이든 그 종류와 상관없이 인간이 성장하는 과정에는 정상적인 경로란 없다. 마치 산을 오를 때 우리가 선택하는 등산로가 다르듯 인간의 성장이라는 측면에서도 여러 가지 경로가 존재한다. 등산로를 택할 때 사람들은 자신의 목적과 그 길의 특성을 고려한다. 빨리 가는 길을 선택할 수도 있지만 돌아서 가더라도 더 아름다운 길을 택할 수 있다. 이렇게 모든 길은 그 나름의 가치와 의미가 있다. 인간의 성장도 저마다의 경로를 통해서 이루어지고 그 과정에서 얻어지는 가치와 의미는 비교할 수 있는 종류가 아니다. 그리고 그 성장 경로는 개별성에 의해 결정되는 것이 가장 바람직하다. 앞에서 언급된 아이들의 재능의 들쭉날쭉성을 고려하면 아이들의 성장도 개개인의 특성에 따라서 속도와 방향이 결정되어야 한다. 아이들은

---

10) 토드 로즈, 《평균의 종말》, 21세기북스, 2021.

저마다 누구도 가지 않은 자신만의 경로를 만들고 나아간다. 어떤 경우이든 어떤 상황이든 아이들은 마주하는 순간마다 그 개인의 개별성에 따라 자신만의 경로를 선택한다. 어른들과 교사는 이런 아이들을 지켜보고 지지하고 격려하는 역할을 할 뿐이다.

개별성과 고유성에 주목하라

우리는 편견 없이 세상을 바라보지 못한다. 누구나 자신이 태어나고 살아온 사회 문화적 배경의 지배를 받는다. 우리의 의식을 통제하는 것은 나 자신이 아니라 내가 소속된 사회의 주류 문화이다.

색칠이 되었다는 사실을 알기 전까지는 보이지 않던 칠 자국이 그 사실을 알고 나자 뚜렷이 보이는 것처럼 우리의 눈은 언제나 편견과 고정관념의 장막으로 가려져 있다. 다시 생각해 보면 우리가 옳다고 믿는 것들의 근거는 무엇일까? 당연하다고 여기며 질문하지 않는 것들이 정말 당연하고 변하지 않는 진리일까? 조금만 역사를 거슬러 올라가도 이런 주장을 반박할 증거들은 차고 넘친다. 당대에 진실이라고 불변의 진리라고 여겨졌던 것들이 몇백 년이 지나지 않아서 철저하게 부정되는 사례를 수없이 확인했음에도, 인간은 쉽게 망각하는 존재라 현재 우리가 알고 있고 믿고 있는 사실이 진리라고 여전히 확신에 차서 신념화한다.

이런 편견과 고정관념은 특별한 것이 아니다. 우리 모두가 의식하지도 못할 정도로 자연스럽게 늘 우리와 함께한다. 우리가 바라보고 인식하는 이 세상은 늘 편견과 고정관념이라는 필터를 통해서 걸러진 왜곡된 상들이다. 우리의 인식과 판단을 모두 부정하자는 이야기는 아니다. 이런 사실을 항상 의식하고 경계해야 편견과 고정관념으로부터 자유로운 사고를 할 수 있다.

이런 경계하는 자세는 부모와 교사에게 매우 중요하다. 그것은 아이들을 바라보는 우리의 태도를 결정하기 때문이다. 그리고 아이들의 행동과 생각을 이해하고 판단하는 어른들의 시각은 아이들의 성장에 결정적인 영향을 끼친다. 이들의 편견 없는 사고가 얼마나 중요한지는 더 말할 필요가 없을 것이다. 놀이중심수업에서 관찰이 중요한 이유 중에 하나는 아이들의 행동과 생각을 이해할 수 있는 핵심적인 경로이기 때문이다. 교사는 놀이를 하는 아이들이 자세히 관찰함으로써 아이들에게 더 가까이 다가설 수 있다. 이것은 물리적 거리를 말하는 것이 아니다. 아이들에게 다가가는 심리적 거리이다. 아이들의 사고의 세계 속으로 걸어 들어가는 행위이다. 앞서 이야기했던 아이들에 대한 궁금함의 표출이다. 이 궁금함의 자세는 열려 있는 관심과 탐색이어야 한다. 답을 정하지 않은 진지한 질문을 통해서 아이들의 개별성과 고유성을 발견하고 아이들의 성장을 지원하기 위한 전략이다. 따라서 관찰을 할 때 교사는 자신의 편견과 고정관념으로부터 거리를 두려는 의식적인 노력을 해야 한다.

교사가 마땅히 그러해야 한다는 전제 조건으로 아이들을 바라보는 것은 위험하다. 발달 시기에 따라 당연히 해야 하는 것들에 대한 강박관념으로부터 벗어나야 한다. 교사에게는 여유로움을 감당하기 위한 용기가 필요하다. '느긋하게 기다려 주기'란, 말처럼 쉬운 일이 아니다. 교사로서의 의무감과 책무성은 늘 교사를 다그친다. 방임하는 것은 아닐까? 나 때문에 아이가 제대로 성장하지 못하는 것은 아닐까? 지금 당장 내가 무엇인가 해야 하지 않을까? 이런 생각이 들 때마다 한 걸음 늦추고 심호흡으로 마음을 가다듬기를 권한다. 여백이 필요한 순간이다.

여유와 느긋함은 우리에게 생각할 수 있는 시간을 허락한다. '교사로서 무엇을 줄 것인가?'에서 '교사로서 아이에게서 어떤 것을 발견할 수 있을까?'로의 전환이 이루어지는 순간이다. 교사의 역할은 아이들에게 무엇인가를 주는 것이 아니다. 아이들 스스로 세상을 향해 진지한 질문을 던지고, 답을 찾기 위한 탐색과 시도를 통해 자신만의 답을 찾아 가는 방법을 터득하도록 자극하고 지원해야 한다.

세상을 향해 던지는 질문에는 규칙도 범위도 정해져 있지 않다. 다양한 궁금함과 관심으로부터 출발하는 그 질문 모두는 의미가 있다. 아이들의 행위와 생각으로부터 의미를 발견하는 것이 교사의 역할이다. 그것이 관찰을 하는 목적이다. 놀이 속에서 일어나는 다양한 활동과 시도 안에 감춰진 의미를 발견하고 확인해야 한다. 관찰은 그 의미를 발전시키고 아이들의 배움으로 연결되도록 자극하고 지원하기 위한 전략 수립의 근거가 된다.

의미를 발견하는 것이 핵심이다. 의미를 발견하기 위해서는 자세히 바라보아야 하는데, 자세히 바라보면 개별 존재 간의 차이를 분명하게 인식하게 된다. 개별 존재의 특성(개별성)과 고유성을 발견하게 된다. 이것이 교사의 민감성이다. 아이들의 개별성과 고유성을 이해할 때 아이들이 놀이 속에서 드러내는 의미를 제대로 이해하고 그 의미를 발전시키기 위한 적절한 자극과 지원이 가능해진다.

질문의 놀라운 힘

교사의 질문은 측정할 수 없는 가치가 있다. 교사의 질문은 아이들에게는 신비한 힘을 발휘하는 영양제이며 성장촉진제이다. 교사의 질문은 아이들의 사고를 성장시키고 생각을 단단하게 한다.

그 어떤 교수방법으로도 얻을 수 없는 놀라운 일들을 교사의 질문은 가능하게 한다. 그것은 교사의 질문이 기본적으로 궁금함으로부터 출발하기 때문이다. 그러나 여기서 반드시 확인해야 할 것이 있다. 질문의 정의는 무엇일까? 질문은 정보를 구하기 위해서, 쓰거나 말로 이루어지는 문장이다. 이때 구하는 정보는 매우 큰 차이가 있다. 질문이라고 정의되더라도 단지 사실 수준의 정보를 원하는 질문과 더 큰 의미를 원하는 질문으로 구분할 수 있다.

예를 들어 아주 단순하게 아이들이 어떤 사실이나 지식을 알고 있는지가 궁금해서 확인하려는 의도에서 출발하는 질문이 있을 수 있다. 이것은 매우 낮은 수준의 질문이며 어떤 경우에는 독이 되는 질문이다. 이런 질문은 질문다운 질문이라고 하기가 어렵다. 순수하게 궁금해하는 질문이라기보다는 확인하고 평가하는 것이 목적인 경우가 대부분이기 때문이다. 심한 경우 힐난을 목적으로 한 무기가 되기도 한다. 이런 질문은 아이들을 방어적으로 만든다. 아이의 사고를 활성화시키는 것이 아니라 오히려 사고를 정지시키고 뇌를 굳게 만든다. 때로는 필요한 질문의 형태이기는 하지만 자칫 더 큰 부작용을 초래하는 결과로 이어진다. 조심스럽게 활용해야 할 질문의 형태이다. 그러나 어른들이나 교사들이 가장 많이 하는 질문은 바로 이런 질문이다. 본인들은 질문이라고 생각하지만 질문이 아닌 평가와 확인인 경우가 많다.

이런 질문에 익숙해진 부작용의 대표적인 예로 '왜?'라는 질문에 대한 어른들의 반응을 들 수 있다. 우리는 '왜?'라는 질문에 매우 방어적으로 방어하고 상처를 받기도 한다. 교사들에게 '왜?'라는 질문을 하는 것은 매우 당연함에도 어려운 일이다.

'왜 그런 교육과정을 기획했는지?' '왜 수업을 그런 방식으로 하려고 하는지?' '왜 그 교재나 활동지를 사용하는지?' '왜 그런 교구나 책, 영상, 사진 등을 사용하는지?' 이런 단순한 질문으로부터 시작해서 그것들이 교사가 계획한 교육과정과 어떤 연계를 가지며, 어떤 목적으로, 어떤 효과를 기대하고 활용되는지 접근해 가야 한다. 그래야 교사의 교육적 의도를 제대로 이해할 수 있다.

그러나 이런 질문은 대부분 처음부터 강력한 저항에 부딪친다. 그것은 유쾌하지 않은 일반적인 경험 때문이기도 하다. 우리는 어릴 때부터 학교에서 그리고 성인이 되어서는 사회에서조차 확인받고 평가받기 위한 질문을 받는다. 그 대표적인 것이 객관식 시험이다. 우리나라의 시험은 공정성과 투명성이라는 허울 좋은 이유로 정답을 묻는다. 피평가자가 특정한 지식이나 사실을 알고 있는지 확인하는 절차인 것이다. 피평가자의 의견이나 생각 그리고 답을 찾아 가는 과정에서의 논리적 배경, 사고의 구조에는 전혀 관심이 없다. 그저 편리하게 한 줄로 세우기 위한 평가에 집중하다 보니 우리는 늘 평가에 대한 두려움에 시달려 왔다.

일단 질문을 받는 것 자체가 기분 좋은 일이 아니다. 더 본질적인 이유는 이런 유형의 질문을 받아 본 적이 없기 때문에 당황스러운 것이다. 그래서 이런 근본적인 의문을 던지는 질문은 피하게 된다. 그러다 보면 결코 밑바닥에 다가가지 못하게 된다. 그것은 질문을 하는 사람이나 질문을 받는 사람 모두에게 해당된다. 누구나 자신의 밑바닥을 보는 것을 두려워한다. 그러나 그것을 보아야 제대로 자신을 바라보게 된다. 질문을 하는 사람도 마찬가지이다. 제대로 끝을 보아야 정확하게 상대의 생각을 이해하게 되는 것이다. 이것이 소통이다. 치열할 정도로 서로의 생각을 끄집어내고 알고 싶어 하는 태도. 이것이 진정한 의미의 소통이다. 가면 뒤에서 서로 적당히 예의를 갖추고 체면치레를 하는 대화와 토론에서 소통이란 애초에 불가능하다. 서로의 껍데기만 훑는 것이다. 그런 관계가 얼마나 진정성이 있을지 짐작하기는 어렵지 않다. 그래서 질문에는 용기가 필요하고 질문을 받는 것도 용기가 필요하다.

이런 용기는 저절로 나오는 것이 아니다. 훈련이 필요하다. 상대의 저항을 누그러뜨리고 핵심으로 접근할 수 있는 틈을 만드는 기술이 필요하다. 상대를 굳게 둘러싸고 있는 자기방어의 갑옷을 벗겨 내는 질문의 기술을 터득해야 한다.

질문받을 용기

다른 사람으로부터 질문을 받는 것에 대한 두려움을 극복하고 질문을 비난이 아니라 스스로 돌아볼 수 있는 좋은 기회로 만들어야 한다. 자신이 작성한 서류 하나에서도 자기가 범한 오류는 찾기 힘들다. 다른 사람은 쉽게 찾는 평범한 오류도 스스로의 눈으로는 발견하기 어렵다는 것을 기억해야 한다. 나에게 던져지는 질문이 아플수록 스스로 성장할 수 있는 기회가 된다. 물론 쉽지 않다. 순간적으로 화가 나고 부정하고 싶은 마음이 앞선다. 이런 태도는 두려움에서 나오는 것이다. 나의 약점이 드러나는 것에 대한 두려움, 즉 취약성이다. 이 취약성을 드러내고 인정할 때 새로운 단계로 나아갈 수 있다. 취약성의 인정은 나에 대한 냉철한 판단을 가능하게 한다. 이때 비로소 다른 사람의 시각과 의견을 받아들일 준비가 되는 것이다. 내가 인식하지 못했던 한계를 뛰어넘는 도약대가 바로 질문을 받는 순간이다. 쉬운 일은 아니다. 끊임없는 노력과 훈련이 필요하다. 단기간에 될 수는 없지만 의식적인 노력과 시도를 배신하지 않는 것이 질문으로 쌓이는 힘이다.

질문은 또 다른 질문이나 다른 사고를 이끌어 내는 좋은 자극제의 역할을 한다. 그러나 이렇게 평가하고 확인하는 질문에서 다양한 생각이나 이를 계기로 이루어지는 토론을 기대하기는 어렵다. 질문하는 사람이 원하는 답을 정해 놓고 그것을 확인하는 과정으로 질문을 하게 되면 자신의 기대와 다른 대답은 배척하게 된다. 아예 틀렸다고 판단해 버리는 극단적인 경우만이 아니더라도 다른 생각을 궁금해하는 마음을 가지지 않게 된다. 다른 사람의 생각을 이해하고자 하는 노력이 원천적으로 차단된다. 평가하고 확인하는 질문의 위험성은 바로 이런 이유에 있다.

같은 궁금함에서 출발하는 질문이라도 그것이 아이들의 생각이나 의도에 대한 궁금함인 경우와 그렇지 않은 경우, 질문이 주는 효과는 극적인 차이를 보인다.

누구도 부정하지 않는 배움의 기본적인 출발은 호기심이다. 세상에 대한 궁금함으로부터 배움은 출발한다. 궁금함은 질문을 끌어내고, 그 질문의 답을 찾아 가는 과정에서 배움이 일어난다. 그러므로 배움은 당연하게 자기 주도적인 탐구와 몰입을 동반하게 되는데 이런 자기 주도적인 탐구와 몰입이 없으면 지식을 구겨 넣는 것에 불과하다. 자기 생각이 없이 다른 사람의 경험과 다른 사람이 만들어 놓은 이론을 비판 없이 수용하는 것이라고 할 수 있다. 우리는 대부분 그것이 배움이라고 착각하고 그런 방식으로 학습한다.

세상에 대한 궁금함으로 아이들이 자기의 배움을 주도적으로 추구해 나가도록 하기 위해 필요한 교사나 어른들의 역할은 무엇일까? 자신의 경험을 억지로 주입하고 학습을 강요하는 것일까? 아니다. 교사나 어른의 역할은 그저 궁금해하는 것이다. 아이들이 어떤 관심을 가지고 있는지, 어떻게 자신의 질문을 탐구해 나가고 있는지 궁금해하는 것. 그것이 올바른 어른과 교사의 역할이다. 혹여 아이들은 불완전한 존재이므로 어른들이 바로잡아 줘야 한다고 믿는다면 큰 착각이다. 아니 어른들이 채워 주고 바로잡아 줄 수 있다고 믿는다는 것 자체가 오산이다.

헤겔은 '개체발생은 계통발생을 반복한다'고 주장했다. 물론 생물학적으로 이 이론은 폐기되었지만 인간의 정신 성장의 측면에서는 여전히 지지를 받고 있기도 하다. 아이들은 우리 인류가 역사적으로 발전해 온 문화적 사회적 과정을 되풀이하면서 성장한다는 것이다. 이 과정에서 인간은 답이 없는 문제들에 도전하면 수없이 많은 시행착오와 그럼에도 불구하고 포기하지 않는 끊임없는 시도로 발전해 왔다. 변화를 시도하는 세력과 그것을 거부하고 기존 질서를 지키려는 세력의 갈등은 적지 않은 대가를 치르기도 했다. 그럼에도 인류 사회는 앞으로 나아갔다. 그 산물이 바로 우리의 문화, 윤리, 사회제도, 과학기술인 것이다.

기존의 경험에만 갇혀서 새로운 변화를 거부한 세력은 늘 도태되어 왔다. 인류 사회의 전개 방향은 늘 열려 있다. 과거에 그랬듯이 미래에도 그럴 것이다. 아이들에게 우리의 경험이 답인 것처럼 지금 우리가 알고 있는 지식을 토대로 살아 나가라고 하는 것은 매우 무책임한 무지의 용기이다. 아이들은 인류가 늘 그래 왔듯이 세상에 대한 질문을 던지고 그 답을 찾아 가는 도전으로 배워 나가야 한다. 그것이 제대로 배우는 것이고 미래의 삶을 살아갈 수 있는 강한 힘을 기르는 것이다.

그래서 교사와 어른은 '아이들이 무엇에 관심이 있는지?' '어떻게 질문을 던지고 답을 찾아 가는지?' 이런 것들을 궁금해해야 한다. 이런 궁금함으로부터 아이들의 생각 자체에 관심을 담은 질문이 나오게 된다. 그 질문은 확인이 아니다. 평가도 아니다. 단순하고도 순수한 관심을 담고 있다. 이런 질문을 받을 때 아이들은 거부감을 보이지 않는다. 두려움을 느끼지도 않는다. 교사와 아이가 서로 질문을 주고받을 수 있는 소통의 장이 만들어지는 것이다.

질문을 받는 것이 두렵지 않다고 부담스럽지 않아야 한다는 것은 아니다. 질문에 따라서 자신의 생각의 근거를 밝혀야 하는 경우 아이들은 자신의 생각을 논리적으로 재정리하게 된다. 이 과정에서 아이들은 반성적 사고를 한다. 복잡하고 고통스러운 사고의 과정을 경험하게 된다. 이런 과정은 부담스럽고 힘든 과정이지만 틀릴 것을 걱정하거나 망신을 당할까 두려움을 느끼지는 않는다. 질문받을 용기가 길러지는 것이다. 게다가 이 과정은 두뇌의 근육을 다양하고 활발하게 사용하게 한다. 운동을 하면 근육이 활발하게 움직이고 이것이 다시 근육을 강화한다. 반성적 사고는 두뇌의 근육을 길러서 아이들의 사고의 힘을 강력하게 만드는 최고의 훈련이다. 억지로 답을 외우거나 재미없게 반복해서 문제를 풀지 않아도, 질문만으로 아이들의 사고를 성장시킬 수 있다. 반면에 우리가 아이들의 사고를 키운다고 생각하는 주입식 교육이나 문제 풀이 교육은 아이들의 사고를 굳게 경직시키고 허약하게 만든다.

질문은 앎을 추구하는 유효한 방식

　소크라테스가 위대한 것은 그가 많은 지식을 알았기 때문이 아니라(스스로는 지식이 없다고 했다) 그가 그 지식을 알기 위해서 취한 방식 때문이다. 그리스 시대부터 내려오는 지식들은 수없이 그 생명을 마감하고 부정당하기도 했지만 그 시대의 사람들이 취한 지식 추구의 방식은 여전히 유효하다.
　제이콥 니들먼은 "우리 문화는 일반적으로 질문을 경험하기보다는 문제를 해결하려는 경향이 있다."라고 했다. 그런 점에서 소크라테스는 문제를 해결하는 방법을 알려 준 것이 아니라 질문을 경험하도록 하였다. 소크라테스는 자신이 모른다는 것을 아는 지혜, 솔직하고 순진한 무지를 그대로 드러내는 용감함으로 인해 위대한 것이다.

　《코스모스》를 쓴 칼 세이건은 "모든 질문은 세상을 이해하려는 외침"이라고 했다. 자연 현상에 대해 던지는 질문은 자연의 이치를 이해하려는 외침이다. 사회에 대해 던지는 질문은 우리가 사는 사회의 구조와 원리를 이해하려는 외침이다. 아이들에 대해 던지는 질문은 아이들을 이해하려는 외침이어야 하는 것이다.
　이런 점에서 아이들에게 질문을 던지는 것은 아이들의 사고를 성장시키는 것 이상의 의미가 있다. 소크라테스처럼 순진한 무지를 그대로 드러내는, 즉 알고 싶은 열망을 그대로 드러내는 것은 또 다른 메시지를 던지기 때문이다. 아이들에게 던지는 교사의 질문은 아이의 생각과 행동을 이해하려는 교사의 순수한 열망으로부터 나오는 것이어야 한다.

  이럴 때 교사의 질문으로부터 전해지는 관심과 순수한 열망은 아이들에게 고스란히 전달된다. 이런 질문을 통해서 아이와 교사에게는 강한 신뢰와 애착이 형성되고 그 관계는 쉽게 허물어지지 않는다. 질문을 통해서 자신에 대한 순수한 관심과 궁금함을 드러내는 교사의 마음은 아이들에게는 자신에 대한 존중으로 받아들여진다. 적절한 때 아이들에게 적절한 질문을 하는 것은 교사의 관심과 사랑의 표현이다.

  좋은 질문이 가져오는 또 다른 마법은 사람의 마음과 생각을 제대로 드러나게 한다는 것이다. 마음을 들여다보는 진정한 창문은 눈이 아니라 질문이다. 좋은 질문은 일방통행으로 끝나지 않는다. 질문은 새로운 질문으로 연결되고 의미를 주고받게 된다. 질문을 통해서 교사는 아이들의 마음과 생각을 알아 가게 된다. 오랫동안 아이를 관찰하고 질문을 통해 관계를 형성한 교사는 아이의 성장을 정확히 파악하게 된다. 파악한다는 것은 매우 중요한 의미를 담고 있다. 파악하면 교사는 아이의 성장을 더 촉진할 수 있도록 지원할 수 있다. 아이들은 스스로 성장한다. 그리고 주변의 도움도 성장에 기여한다. 그 성장을 촉진할 강력한 방법은 분명히 있다. 교사가 자신의 지식을 전달하고 습득하도록 하는 방법은 지속적이지도 않지만 때로는 아이들의 자기 주도성을 떨어뜨린다. 질문이 갖는 힘이 바로 여기에 있다. 아이들의 성장을 지원하지만 아이들의 주도성을 더욱 강화하는 방향으로 작용하는 힘이다. 아이들이 나아가고 있는 방향을 거스르거나 틀지 않고 그 방향으로 힘을 더해 주는 것이 질문의 힘이다. 말 그대로 자극이고 지원이다.

앞에서도 언급한 것처럼 이런 질문을 하는 것은 쉬운 일이 아니다. 의식적이고 부단한 노력과 훈련으로 길러진다. 질문을 하려면 궁금해하고 관심을 가져야 한다. 궁금해하는 능력은 기술이며, 모두가 그 기술을 습득할 수 있다. 그런데 이런 교사와 어른의 적절한 질문은 아이들에게도 질문의 기술을 가르치게 된다.

질문의 또 다른 강력한 힘은 바로 아이들에게 제대로 질문할 수 있는 기술을 가르치는 것이다. 고기 잡는 법을 가르치는 것을 넘어서 새로운 어장을 형성하는 법을 가르치는 일이다. 아이들은 문제의 해결에서 문제의 설정과 새로운 영역을 창출하는 관점으로의 전환을 질문을 통해서 배우게 된다.

질문의 중요성에 비해서 우리 교육에서 질문의 가치는 제대로 된 평가를 받지 못하고 있다. 적절한 질문은 놀라운 힘을 가지고 있음에도 우리가 주로 사용하는 질문은 그러하지 못하기 때문이다. 질문에 대한 잘못된 인식이 문제이다. 질문을 사실과 관련된 정보를 구하는 수준으로 이해하므로 질문할 때 우리는 눈앞의 주제에 얽매인다.

질문을 하는 의도가 너무 강하기 때문에 그 주제를 넘어서는 의문은 불필요한 것으로 차단해 버린다. 학창 시절 쓸데없는 질문을 한다는 이야기를 들었던 경험은 질문에 대한 잘못된 인식으로 스스로를 검열한다. 주제에서 벗어난 길로 샜다며 선생님한테 꾸중 듣는 학생이 그 주제에서 파생되거나 주제를 벗어난 궁금증을 드러내는 것은 불가능한 일이다.

이렇게 극단적인 방식은 아니지만 아이들에게도 이런 압박은 은연중에 매우 자주 이루어진다. 교사가 원하는 답을 요구하는 질문과,

아이들의 질문을 건성으로 넘기는 교사의 반응으로 아이들은 스스로 자기 질문을 통제하기 시작한다. 교사나 어른들의 질문이 의미하는 것을 알아채고 그들의 기대에 부응하는 방식으로 질문을 바꾼다. 우리는 아이들에게 좋은 질문을 가르칠 수도, 죽은 질문을 하는 사람으로 만들 수도 있다. 우리의 선택이다.

좋은 질문을 해야 하는 이유

우리는 명백한 것은 좀처럼 질문하지 않는다. 좋은 어른, 좋은 교사가 되고 싶은가? 너무나 당연한 말일 것이다. 그러나 이렇게 명백해 보이는 문제일수록 더 자세하고 철저하게 물어야 한다. 어른 그리고 교사는 무엇을 의미하는가? 교사로 제한해서 이야기를 해 보자. 교사는 직업적 측면에서 말하는 것인가? 좋다는 것은 무엇을 말하는가?

아이들에게 친절하게 이야기하기, 잘 놀아 주기, 아침에 다정하게 맞아 주기, 수업 준비 열심히 하기, 부모에게 친절하게 상담하기, 이런 것들이 모두 중요하다.

그러나 좋은 교사는 좋은 질문을 하는 사람이기도 해야 한다. 잘못된 교육은 악의에서 나오지 않는다. 누구도 나쁜 교사가 되고 싶지 않다. 그럼에도 우리는 무지함으로 인해 실수하고 잘못을 저지르곤 한다. 그러나 이런 어른으로서 교사로서 우리의 실수와 잘못이 가져올 영향을 고려한다면 우리의 무지함이 결코 변명이 될 수 없다.

좋은 교사가 무엇을 의미하는지 제대로 알 때 좋은 교사로서의 역할을 하게 된다. 그래서 우리는 좋은 교사가 어떤 교사인지 참으로 알아야 한다. 좋은 교사는 좋은 질문을 하는 사람이어야 한다. 이미 답을 아는 질문을 하는 것은 좋은 질문이 아니다. 좋은 질문은 진지한 질문이다.

아이들이 어떤 사람으로 성장하기를 기대하는가? 우리가 알지 못하는, 밝혀내야 하는 미지의 영역에 대한 호기심과 질문을 유지하도록 하는 것은 교사의 좋은 질문으로 길러 줄 수 있는 역량이다. 이미 답이 밝혀진 사실에 대해 아는지를 묻는 것은 좋은 질문이라고 할 수 없다. 알고 있는 사실이라고 하더라도 그것에 대한 반성과 성찰을 유도하는 질문이 좋은 질문이다. 어떤 것이 좋은 질문인지는 질문이 향하고 있는 것이 미지의 영역으로 들어가는 길인지 아닌지에 달려 있다. 어둠 속으로 한 발 내딛는, 그 발걸음을 이끄는 손길이 좋은 질문이다. 어떤 놀라운 또는 무시무시한 것들이 있을지 알지 못하는 상태에서 느끼는 두려움과 흥분을 경험하도록 하는 것은 어떤 가치보다 소중하다.

좋은 질문은 질문을 받는 사람과 질문하는 사람 모두를 성장시킨다. 질문을 하는 사람은 확신이나 선입견 없이 열린 마음으로 질문을 던진다. 질문을 받는 사람도 질문하는 사람의 의도와 무관하게 맹렬한 반성적 사고를 가동하게 된다. 이 과정에서 질문하는 사람과 질문받는 사람 모두 미지의 영역에 대한 깊은 이해에 도달하게 되는 것이다.

질문으로부터 배운다

인류의 역사는 질문과 그에 대해 답하는 과정이라고 할 수 있다. '세상은 무엇으로 이루어졌는가?'에 대한 답을 찾는 것이 철학의 출발이라고 할 수 있다. 최초의 철학자이자 과학자로 여겨지는 고대 그리스 철학자들은 이 물음에 대해 세상은 네 가지 원소로 이루어져 있다고 생각했다. 지금의 지식으로 보면 초등학생도 비웃을 유치한 오답일 뿐이다. '철학자가 무슨 그런 단순하고 터무니없는 생각을 해?'라고 생각할 수도 있을 것이다. 그러나 그것은 그 시대에 인식의 한계를 증명하는 것일 뿐이다. 근대를 지나 현재에도 시대의 인식을 뛰어넘기 위한 인간의 질문은 계속되고 있고 그 질문에 대한 대답이 나중에 부정되는 경우는 너무 익숙하다. 우리의 문명과 역사는 이런 오답과 그 오답을 바로잡아 가는 과정을 토대로 쌓아 올려진 것이다.

그럼에도 과거 철학자들의 질문과 답을 여전히 배워야 하는 이유는 그들이 그 질문에 직면한 그 자체 그리고 그 질문의 답에 이르기까지의 사고 과정과 문제 설정 방법 때문이다. 질문에 마주하는 것 그 자체로 중요한 의미가 있다. 고대 그리스 시대의 철학은 신이 중심이었던 세상을 인간이 중심인 세상으로 옮겨 놓았다. 세상에 존재하는 사물과 모든 현상을 당연히 신의 뜻으로 여기던 일반적인 생각에 의문을 제기한 것이다. 세상은 무엇으로 이루어져 있으며 어떻게 굴러가는지에 대해 최초로 질문한 사람들이다. 인식의 대전환을 이루어 낸 것, 그것은 일대 혁명적인 사고의 출발이었다. 그리고 철학자들은 그 질문에 답하기 위해 당시의 지식과 경험을 동원해서 최종적인 결론에 도달했다. 그 최종적인 결론이 진부하고 터무니없다고 해서 그 과정이 무의미한 것은 아니다. 고대 그리스 시대의 세상에 대한 지식과 경험의 수준은 현대의 우리가 저 머나먼 우주에 대해 가지고 있는 아주 미미한 지식과 경험의 수준과 다르지 않을 것이다. 여기서 답 자체가 아니라 답에 이르는 과정에 우리가 배워야 할 것이 있다는 교훈을 얻게 된다. 그들이 세상에 대해 민감성을 유지하고, 관찰하고, 문제를 설정하고, 탐색하며, 사고한 과정은 현대의 우리에게도 여전히 유효한 가르침이 되고 있다. 그것이 우리가 철학을 배워야 하는 이유이다. 아이들의 질문이 교사나 성인이 보기에 유치해 보이고 그 질문에 대한 답이 오답일지라도 질문과 답을 찾아 가는 과정에 집중해야 하는 이유이기도 하다.

과정이 중요한 이유를 구체적 사례로 살펴보자. 고대 그리스의 아낙시만드로스라는 철학자는 물이 대지를 떠받치고 있다는 당시의 일반적인 통념에 대해 질문을 던진다.

'물이 대지를 떠받치면 그 물을 지탱하는 것은 무엇일까?'라는 질문이다. 이 질문이 꼬리를 물고 그럼 '그 무엇인가를 지탱하는 또 다른 무엇인가가 있어야 한다'는 생각으로 이어졌다. 이런 사고의 과정의 결론은 '우리가 사는 세상은 허공에 떠 있다'로 귀결되었다. 현대의 우리가 보기에는 아주 당연하고 하찮은 지식일 뿐이지만 그 과정에는 엄청난 교훈이 담겨 있다. 먼저 당시에 모두가 당연히 여겼던 지식을 무조건 수용하지 않고 도전한 것이다. "원래 그래."라는 말을 거부한 것이다. 우리 인류의 과학과 문명의 발전은 이 당연한 것에 대한 도전으로부터 출발해 왔다. 그리고 그 질문에 대한 답을 찾기 위해서 물이 무엇인가를 지탱하고 있으면 그 물을 지탱하는 것이 있어야 한다는 자신만의 이론(추론)을 설정하고 탐구한 것에 주목해야 한다. 아낙시만드로스의 세상을 바라보는 민감성과 지식에 대한 인식 그리고 반성적이고 창의적인 사고의 과정은 오늘날을 사는 우리가 여전히 배워야 할 점이다.

민감성은 인간다움을 드러내는 것

생각이라는 것을 하는 존재들은 세상에 대한 궁금함을 자연스럽게 드러낸다. 이 궁금함에는 두려움이라는 감정이 함께 수반되는데 이로 인해 가벼운 또는 매우 강렬한 흥분을 만끽한다. 인간뿐만 아니라 동물들도 새로운 사물이나 상황을 마주치면 두려움과 동시에 흥분으로 새로운 것을 향한 탐험에 나서는 것을 볼 수 있다. 미지의 것에 대해 궁금해하는 것은 본능적인 것이다. 본능적인 궁금함에 이끌려 경험한 흥분은 쉽게 지워지지 않고 새로운 궁금함을 자극한다. 이를 통해 인간은 새로운 문명과 과학기술을 발전시켜 왔다. 왜 계절이 바뀌는지? 태양은 왜 움직이는지? 비는 어떻게 어디서 오는 것인지? 사과는 왜 땅으로 떨어지는 것인지? 미지의 상황과 사실에 대한 궁금함이라는 본능적인 반응에 이끌려 그것들을 파헤쳐 가는 과정에서 인간은 인간으로 자리 잡게 되었다. 경이로운 인간 문명 발달의 핵심 동력은 인간이 타고나는 궁금함이다.

그런데 역설적으로 이 본능은 사회화되어 가는 과정(사회의 일원으로 살아가기 위해 적응해 가는 과정으로 특히 교육을 통해서 이루어진다)에서 점차 억압되고 소멸되어 간다. 인간답게 성장시킨다는 명목으로 오히려 인간다움을 말살하고 집단적으로 이것을 묵인 내지 조장한다.

궁금해하는 행위가 본능이라는 것은 이 행위가 자연스러운 과정이라는 의미이다. 아무런 제약도 한계도 없이 일어나며 무한한 관심과 탐색으로 이어진다.

궁금하면 탐색을 하고 시도를 하게 된다. 시도를 통해서만 확인이 가능하다. 탐색과 시도 없이 절대 알 수 없는 것이 세상의 이치이다. 우리는 아이들에게 과학을 가르치겠다고 하면서 끊임없이 수많은 지식을 주입한다. 이미 밝혀진 사실들을 확인시키는 것이다. 이것만큼 재미없는 것도 없다. 게다가 이런 사실들에 대해서는 질문을 하지도 못하도록 차단한다. 어른들이 주로 하는 "원래 그래."라는 말이 아이들의 궁금함을 억누르는 것이다.

궁금함은 인간이면 누구나 타고나는 것이지만 사람에 따라 다른 강도로 드러난다. 똑같은 사물이나 상황을 마주쳐도 궁금함을 느끼는 정도는 판이하게 다르다. 이것을 민감성이라고 정의할 수 있다.

여기서 말하는 민감성이란, 어떤 대상에 대해서 '그 대상만의 특별함, 변화, 다른 것들과 다른 차이를 발견할 수 있는 정도'이다. 민감성은 대상에 대한 관심과 궁금함을 의미하기도 한다. 같은 길을 산책

해도 길을 걷는 동안 발견하는 것들은 사람마다 다르다. 식물에 관심이 많은 사람은 길가의 나무와 풀, 꽃들을 유심히 보고 기억할 것이다. 건축에 관심이 있는 사람은 길가의 건물과 도로에 대한 많은 기억을 가지고 돌아올 것이다. 패션에 관심이 많은 사람은 어떤 사람이 어떤 색의 옷을 입었고 신발은 어떤 것을 신었는지 자세히 관찰한다. 민감성의 차이가 가져오는 결과의 차이이다. 같은 길을 산책했음에도 사람들이 가지고 돌아오는 정보는 그 양과 질에서 엄청난 차이를 보인다.

그런데 이 민감성은 일정 부분 타고나는 것이기도 하지만 길러지는 부분이 더 크다. 민감성에 따라서 경험하고 획득하는 정보의 양과 질에서 큰 차이를 보인다는 것은 우리가 민감성에 분명히 주목해야 할 이유이다.

민감하다는 것은 그냥 지나칠 수 있는 사소한 것에조차 관심을 가지고 궁금해할 가능성이 높다는 말이다. 관심을 가지고 궁금해하면 질문이 만들어진다. 그리고 그 질문을 해결하기 위해서 탐색하고 시도하며 그 대상을 파헤쳐 가게 되는 것이다. 민감성이 중요한 이유는 바로 질문의 근원이자 동력이라는 점 때문이다.

배움이란 시도하고 도전하기 전에는 알 수 없는 것들을 알아 가는 것이다. 궁금함을 가지기 전에는 관심도 시도도 일어나지 않는다. 민감성은 배움을 위한 필요조건이라는 말이다.

민감성을 기르는 방법

 그럼 민감성은 어떻게 길러 줄 수 있을까? 민감성은 많은 경험을 필요로 한다. 그리고 자세히 바라보는(관찰하는) 태도를 요구한다. 많은 것을 경험할 때 다름을 발견하게 된다. 주의 깊게 관찰해야 대상의 변화를 포착할 수 있다. 다름과 변화의 발견은 아이들 속에서 궁금함이 끓어오르게 하고 그 파편들이 사방의 질문으로 터져 나간다.
 민감성을 위한 경험은 직접적인 경험뿐만 아니라 간접경험도 포함한다. 어른들과 교사는 아이들이 다양한 경험에 노출되도록 기회를 제공해야 한다. 그러나 거기에서 그쳐서는 민감성이 길러지지 않는다. 그 경험을 통해 민감성이 길러지도록 적절한 자극과 지원이 동시에 이루어져야 한다. 그것은 경험을 되돌아보고 기억하며 분석하고 스스로 질문을 만들어 보도록 하는 것이다. 예를 들어 봄에 많이 하는 바깥 산책에서 아이들이 무엇을 봤는지 기억하게 하고 느낌을 회상하도록 하면 다음에 다시 산책을 나갔을 때 아이들은 더 많은 것을 보게 된다. 그것은 경험한 대상의 확장뿐 아니라 대상의 변화에 대한 경험을 얻게 된다는 의미이다.
 특히 봄은 아이들에게 극적인 변화를 경험하게 한다. 모든 생명의 움직임이 멈춰진 것 같은 겨울에서 봄으로의 변화는 아이들을 변화에 노출시키기 좋은 기회이다. 매일매일 변화하는 외부 세계에 대한 자세한 관찰로 아이들을 이끌 때 민감성은 폭발적으로 성장한다. 이럴 때도 교사의 질문은 중요하다. 아이들이 자신들의 경험을 민감성으로부터 끌어 올리려면 교사의 질문이 경험으로부터 유용한 정보를 발굴할 수 있는 지원과 자극이 되어야 한다.

　다양한 경험만큼 민감성을 위해 중요한 것은 자세히 살펴보는 태도이다. 자세히 살펴보는 태도는 대개 지나치기 쉬운, 중요하지 않게 여기는 것들에도 관심을 갖는 것이다. 무관심하지 않는 것, 사소한 것도 궁금해하는 것 그리고 당연한 것에도 의문을 갖는 것은 민감한 사람들이 보이는 모습이다. 자세히 바라볼 때 미처 발견하지 못했던 것을 발견할 때가 있다. 자세히 바라볼 때 아주 미세한 변화도 감지할 수 있게 된다. 이런 순간들이 쌓이면 세상을 보는 시각이 넓어지고 다양해진다. 이전에 미처 발견하지 못한 것들을 발견하는 것은 대상에 대한 더 깊은 이해로 나아가게 한다. 이런 자질과 능력이 세상을 변화시키고 인간의 문명을 발전시킨 힘이다. 우리가 아이들에게 길러야 할 역량은 이런 것이어야 한다.

　그런데 이런 역량을 위해서는 여유가 필요하다. 궁금해하는 데는 여유가 필요하기 때문이다. 궁금함은 경험을 통해 얻어진 정보들이 머릿속에서 오랫동안 맴돌 때 비로소 그 실체를 드러낸다. 조급하게 대상을 쫓아가고 알아내겠다는 마음으로는 대상의 본질에 도달할 수 없다. 금방 지치고 싫증 내는 것은 반짝 호기심의 전형적인 모습이다. 궁금함은 끈질긴 탐색과 시도로 이어진다. 끈질기게 지속하는 힘은 많은 시간 동안 쏟아 온 관심으로부터 나오는 것이다. 순간적인 관심으로 시작된 탐색은 그만큼 사라지기 쉽다. 그래서 궁금함을 위해서는 관심을 지속하기 위한 여유가 필요하다. 천천히 생각하기를 습관화하는 것이다.

　그림을 그리는 것이 민감성에 중요한 이유는 그림을 그릴 때 우리는 사물을 더 자세히 바라보게 되기 때문이다. 어떤 대상을 그리려고 하면 단순히 바라보는 것으로는 부족하다. 바라보는 것이 아니라 살펴보아야 한다. 그림을 그리다 보면 대상을 더 자세히 파악하게 된다. 슬쩍 감상하고 지나칠 때는 발견하지 못했던 것을 발견하게 된다. 아이들이 그림을 그릴 때 교사들이 주목하고 강조해야 할 중요한 요소이다. 민감성은 그림을 그리는 행위를 통해서 효과적으로 길러질 수 있다.

민감성을 기르기 위해서는 교사의 여유도 필요하다. 교사의 기다림은 매우 고통스러운 시간이다. 현대 사회의 어른이나 아이들은 비어 있는 시간, 즉 심심함을 견디지 못하는 성향을 자주 드러낸다. 그래서 교사들도 수업을 어떻게 채워 나갈지에 대한 고민으로 바쁘다. 그래서 여백을 만들고 여유롭고 심심한 시간을 주는 것은 상상조차 하지 못한다. 아이들이 심심해하면 재빨리 새로운 활동으로 이끌어야 한다고 생각한다. 그러나 이런 빡빡하고 틈이 없는 시간 속에서 궁금함을 유지할 수 있는 느긋함을 기대할 수는 없다. 멈춤과 무료함은 궁금함을 유지시켜 주는 좋은 기회이다. 어른들과 교사가 조급함을 인내하는 고통을 견뎌 낼 용기를 갖출 때 아이들은 궁금함을 유지하고 민감성을 키울 기회를 얻게 된다.

자동차를 타고 지나갈 때 보지 못하던 것을 느긋하게 걸으면서 발견하게 되듯이 민감성을 위해서 우리는 좀 더 속도를 줄여야 할 필요가 있다.

아이들의 학습 능력은 어떻게 기를까?

학원에 보내고 책상 앞에 앉아 있는 시간을 강제한다고 학습 능력이 길러지리라 생각하는 것은 착각이다. 물론 책상 앞에 앉아 있는 습관을 들일 수는 있을지 모르겠다. 그러나 책상 앞에 앉아 있는 것이 학습 능력을 기르는 것이라고 믿는다면 엄청난 오산이다.

아이의 학습 능력을 결정하는 데에는 네 가지 본질적인 조건이 있다. 타고난 호기심, 통합적 사고, 교정을 통해 유익함을 취하는 능력, 교사와의 관계이다.

아이를 배움으로 인도하는 것은 세상에 대한 열린 호기심이 기본이다. 호기심이 발동한 아이는 답을 얻을 때까지 질문한다. 이 질문은 자신만의 이론, 또는 추론을 확립하고 이 이론(추론)을 확인하기 위한 탐구로 이어진다.

세상에 대한 열린 호기심은 세상을 바라보는 민감성으로부터 나오게 되고, 이 호기심은 좀체 꺾을 수 없는 몰입을 일으킨다. 몰입에 빠져들게 되면 자신의 질문에 대한 답을 발견할 때까지 탐구하고, 확고한 결론에 도달할 때까지 실험하고 도전한다.

하지만 호기심은 아이가 타고나는 게 아니다. 그것은 창의적 과정(emergent process)의 산물이다. 후천적으로 길러지는 것이고 길러질 수 있음을 의미한다.

유달리 창의적인 아이들은 어떤 특징이 있을까?

창의적인 아이들은 깊은 관심을 보이는 특정 분야가 있고, 학습 동기가 매우 강하다. 이 아이들은 통찰적 사고를 하거나, 현상으로 드러나는 사실보다 세상의 원리를 이해하는 데에서 큰 만족감을 느낀다. 이 아이들은 관심 분야에 대해서 자신만의 탐구를 위한 계획을 세운다. 독창적인 생각을 만드는 것을 즐기고, 자기통제의 능력이 뛰어나다. 이 아이들은 자기 주도적으로 하는 일들을 더 즐거워하고, 여러 가지 도전 속에서 자신의 재능과 가능성을 발견한다.

그런데 이런 아이들이 학습에 관심을 보이지 않는다면 그것은 자신의 관심과 학습 내용의 괴리에 그 원인이 있을 수 있다. 자신이 호기심을 드러내고 탐구하는 방식을 교육과정이 억누르고 배제하는 경우 학습이 강요로 느껴지고 기대한 성과를 보이지 못한다.

학습 능력을 기를 수 있는 습관은 책상 앞에 잘 앉아 있도록 훈련시키는 것이 아니라 이런 아이들의 호기심과 탐구 방식이 존중받는 경험을 통해서 얻어진다. 아이들의 흥미를 자극하며, 열정을 고취시키고, 주도적으로 학습하도록 자극하고 지원해야 한다. 이것이 부모와 교사가 해야 할 역할이다. 창의적인 아이들이 배움에 대한 열정을 놓치지 않도록 하려면 아이들의 관심에 귀 기울여야 한다. 아이들의 호기심과 관심의 가치를 알고 적절한 질문을 끌어내며 탐구로 연결되도록 지지하는 사람들이 필요하다.

훔볼트[11]가 남아메리카 여행에서 보여 준 호기심과 민감함은 어린 시절부터 생겨난 자연에 대한 관심과 질문을 가족들이 존중하고 지지한 결과이다. 세상에 대한 자신의 관심과 호기심 그리고 그로부터 솟아나는 질문을 가족들은 무시하거나 쓸데없는 것으로 비하하지 않

---

11) 훔볼트는 독일 출신으로 남아메리카의 침보라소산을 탐험한 탐험가이다.

앗다. 그 호기심의 가치를 이해하는 가족, 특히 어머니의 지지가 훔볼트의 자연에 대한 끝없는 관심과 질문을 유지시킨 것이다. 그런 경험이 자연스럽게 남아메리카에서 새로운 자연 현상들을 발견하는 힘이 되었다. 훔볼트 이전에 수많은 탐험가들이 남아메리카를 탐험했지만 아무도 발견하지 못한 중요한 학술적 자료들이 너무도 자연스럽게 훔볼트의 눈에 띄게 된 것이다.

진정한 배움을 위한 학습 능력은 바로 이런 것이다. 무엇으로도 누를 수 없는 호기심과 민감성을 유지시키도록 하는 것이다. 이런 호기심과 관심으로부터 터져 나오는 질문은 자연스럽게 탐구의 세계로 우리를 이끈다. 탐구는 전이해의 편견을 수정하고 더 깊은 이해로 나아가는 끊임없는 시도와 도전의 과정에서만 느낄 수 있는 희열을 경험하게 한다. 배움이란 이런 순환의 과정이다.

배움을 위해서는 호기심과 민감성을 유지하도록 하는 것이 가장 기본적인 조건이다. 그런데 이러한 호기심과 민감성은 여유로움과 안정감이 없이 유지될 수 없다. 호기심을 갖고 질문하는 일은 새로운 세계로 발을 내딛는 일이며 이것은 도전할 수 있는 용기를 요구한다.

우리는 호기심을 드러내는 순간 대부분 상처를 받는다. 새로운 것에 흥미를 보이고 질문을 던지는 일들이 무시당하고 비난받았던 경험은 새로운 세계로 나아가는 도전을 어렵게 한다.

그래서 호기심과 민감성을 유지하기 위해서는 안정감이 뒷받침되어야 하며 그것은 애착에서 나온다. 자신을 신뢰하고 지지하는 누군가와의 강력한 믿음이 형성되는 관계 말이다. 이런 애착이 제대로 형성될 때 우리의 호기심과 민감성은 충만한 에너지로 발동하기 시작한다. 무시당하고 비난받을 위험에서 자유로워지면 끊임없는 감탄, 주제에 대한 열중, 원리에 대한 질문, 독창적인 아이디어와 같은 진지한 배움의 과정이 일어난다. 따라서 아이들에게 부모와 교사와의 애착은 정서적인 면에서뿐 아니라 지적 성장을 위해서도 결정적인 작용을 한다. 부모나 교사와의 건강한 애착, 즉 신뢰 관계가 형성되는 것이 우선되어야 한다.

아이들의 학습 능력은 이렇게 길러져야 한다. 애착으로부터 얻어지는 안정감을 기반으로 제대로 된 배움의 과정을 경험하는 일들이 반복될 때 올바른 학습 능력은 형성된다.

제대로 된 배움을 위해서 교사는 무엇을 할 것인가?

교사의 임무는 인류가 쌓아 온 지식이나 전통의 전달보다는 아이들이 그것을 해석할 수 있도록 도와주는 것이다. 그들이 해석한 것을 통해 자신만의 생각을 형성하고 새로운 아이디어로 발전시켜 나가도록 격려하고 지원하는 존재이다. 이 과정에서 교사는 아이들과 함께 세상에 대한 이해를 넓혀 가는 공동 연구자가 되어야 한다. 이렇게 교사의 임무를 정의할 때 교사의 질문은 달라진다. 아이들을 존중하고 그들의 능력과 가능성을 믿으면 그들과 함께 미지의 세계로 발을 내딛는 위험을 기꺼이 감수하게 된다. 지식을 확인하는 질문에서 생각을 궁금해하는 질문으로 전환되기 위해서는 아이들에 대한 생각을 바꾸어야 한다.

이미 알려진 지식에 대해서는 아이들이 성인들보다 부족한 것은 부정할 수 없다. 그러나 제대로 된 배움의 의미를 이해한다면 알려진 지식을 암기하는 것보다 그 지식을 자신의 생각으로 해석할 수 있도록 해야 한다. 그래서 교사의 역할은 아이들이 잘못 알고 있는 것을 성급히 조정해 주거나 지식을 일방적으로 전해 주는 것이 아니다. 어떤 이유로 지식의 오류가 발생했는지? 어떻게 지식을 받아들이고 재해석하는지? 그것을 궁금해해야 한다. 아이들의 생각의 흐름과 발전해 나가는 과정에 주목해야 한다. 관찰과 기록은 바로 이런 과정에 주목하는 행위이다. 아이들의 놀이를 근접해서 관찰하고 기록, 분석하는 것은 아이들의 생각의 흐름과 발전의 과정을 놓치지 않기 위해서이다. 세상에 대해서 아이들이 보이는 민감한 발견과 호기심을 포착하고 그것이 배움을 위한 탐구로 이어지도록 질문하고 자극하기 위함이다. 관찰과 기록의 가치는 바로 이 지점에 있다. 아이들의 생각을 따라가고 이해하며 그 생각을 확장하고 발전시키도록 지원하는 교사의 역할을 위해서 좋은 관찰과 기록은 필수이다.

좋은 관찰과 기록은 어떻게 가능할까? 어떻게 하면 아이들의 생각을 잘 따라가고 이해할 수 있을까? 생각을 읽는 것은 아이들의 행동을 유심히 지켜보는 것으로도 가능하지만 제대로 생각을 따라가는 데 가장 효과적인 것은 대화이다. 소크라테스가 진리의 온전한 이해로 이끌기 위해서 사용했던 것도 대화이다.

대화의 목적은 통찰과 발견이다. 대화를 하는 과정에서 문제의 본질이 드러나고, 전이해의 선입견을 극복하고, 더 깊은 이해와 의미를 발견하게 된다. 대화를 통해서 아이들의 이해의 수준을 파악하고 더 깊은 사고로 이끄는 것이 가능해진다. 교사는 아이들의 생각을 통해서 다양한 시각과 관점을 이해하고 자신의 생각을 반성적으로 돌아보게 된다. 대화를 통해서 주제나 현상에 관한 다양한 해석이 가능함을 이해하고 자신의 관점을 재조정하게 되므로 대화는 교사와 아이 모두를 변화시킨다.

대화는 끊임없이 서로의 생각이 만나는 과정과 지속적인 이해의 재구성이 일어나는 과정이다. 대화를 하면서 대화 당사자 간에 서로의 사고의 지평이 만나 하나로 융합되고 새롭게 분화되거나 발전하게 된다는 의미이다. 그런데 이런 사고의 지평 융합이 이루어지기 위해서는 상대방의 생각을 존중하고 이해하려는 열린 마음이 있어야 한다. 자신의 생각을 고집하면서 상대의 생각을 교정하고, 상대방에게 자신의 생각을 주입하려고 하는 것은 대화를 차단하는 결과를 낳는다.

이해는 자신의 완고한 주관에 의해 자의적으로 이루어지는 것이 아니다. 이해 대상과의 상호 관계 속에서 이루어지는 것이므로 이해 대상의 생각을 존중하고 열린 마음으로 해석하려는 자세가 갖추어져야 한다.

여기서 교사의 기본적인 자세와 역할이 분명해진다. 교사는 '질문하는 자'이자, 대화의 대상이어야 한다, 적절한 질문을 할 준비와 자세, 열린 마음으로 사고의 지평의 융합을 이끌어 내는 대화자의 역할이 요구된다.

교사는 아이들을 성장시키는 존재

그러나 교사는 전통적인 교사의 역할에도 충실해야 한다. 교사에게는 아이들의 발달을 이끌어야 하는 역할이 부여된다. 질문과 대화로 아이들의 사고의 성장을 끌어내는 과정은 비고츠키가 이야기하는 잠재적 발달 수준에 도달하도록 하는 역할이다. 비고츠키는 근접발달영역(Zone of Proximal Development) 이론으로 교수학습의 역할을 설명하였다. 근접발달영역은 아이들의 실제적 발달 수준과 잠재적 발달 수준 사이의 차이를 정의하는 것이다. 아이들이 더 높은 발달 수준을 가진 존재와의 상호 교류를 통해서 이 차이를 극복하고 자신의 잠재적 발달 수준에 도달할 수 있다는 것이다. 이 잠재적 발달 수준은 혼자서는 할 수 없지만 고무적 도움을 통해서 도달할 수 있는 발달 수준을 말한다. 이때 발달을 이끌어 주는 것은 교사나 성인일 수도 있지만 또래나 선배들일 수도 있다. 아이들마다 서로 재능과 발달의 정도가 다르기 때문에 또래로부터도 자극이나 도움을 받을 수 있다. 발달에서 협력의 가치와 중요성을 강조하는 이유이다.

근접발달영역은 잠재된 발달의 가능성, 발달의 다음 영역을 말하며 교수학습 관계 속에서 창출될 수 있다. 좋은 교수학습이란 근접발달영역을 창출함으로써 발달을 이끄는 행위이다. 아이들은 일상 속에서 자연스럽게 세상을 만난다. 이 과정에서 아이들이 습득한 개념이나 경험은 의식적으로 파악되고 의지적으로 숙달될 때 깊은 이해로 발전한다. 일상에서 무의식적으로 이루어졌던 사고 작용들이 의식적이고 의지적인 형태, 즉 지성적으로 이루어지면서 새로운 정신 기능이 형성된다. 아이들 주도의 놀이에서든 교사 주도의 교수학습에서든 교사의 역할은 아이들과의 상호작용 과정(관찰, 질문, 대화)에서 근접발달영역을 창출하는 것이어야 하며, 이를 통해서 아이들을 발달의 단계로 이끄는 것이다. 이런 이유로 비고츠키는 교수학습과 발달의 관계를 중요시하였다. 교수학습은 잠재적 발달 수준을 목표로 하여야 하며 교수학습이 언제나 발달에 선행한다고 보았다. 이는 발달을 이끌 때만이 교수학습이 의미가 있다는 것이다.

그러면서 비고츠키는 아이들과 어른 간의 언어적 상호작용을 매우 강조했다. 이것은 근접발달영역 이론이 발달 수준이 높은 존재와의 상호 교류를 기본으로 하는 것이므로 당연한 귀결이다. 인간의 상호작용은 언어를 중심으로 이루어지므로 이것은 다시 질문과 대화의 중요성을 강조하는 결론으로 환원된다. 결국 교사의 질문과 대화는 사고의 지평의 융합뿐만 아니라 아이들을 잠재적 발달 수준으로 끌어올리기 위한 전략적 접근 과정이어야 한다.

놀이의 힘을 증명하는 사례들

MIT 미디어 랩에서는 평생유치원 개념을 도입하고 있다. 유치원 방식의 학습이 급변하는 사회를 헤쳐 나가기 위해서 꼭 필요한 방식이라는 생각이 반영된 것이다. 모든 학교와 생활의 터전이 유치원처럼 바뀌고 어떤 연령대에서든 창의적으로 생각하고 행동하는 역량을 개발해야 한다는 의미이다.

스크래치의 아버지인 MIT 미디어 랩 미첼 레스닉 교수는 유치원에서 어린이들이 하는 것처럼 상상, 창작, 놀이, 함께 공유하기, 생각하기에 집중하도록 해야 하며, 이것이 평생토록 유지되어야 한다고 주장한다. 여기에 덧붙여 아이들이 '열정'을 쏟으며 '플레이'할 수 있는 '프로젝트'와 이를 같이할 '동료'가 이들의 창의적 학습을 더욱 가속화한다는 것을 발견하고 4P(프로젝트(project), 열정(Passion), 동료(Peers), 놀이(Play))를 핵심적인 가치로 제시하였다. 놀이처럼 즐거운 마음으로 열정을 쏟아서 동료들과 함께하는 일(프로젝트)이 세상에 도움이 된다는 믿음을 심어 주어야 한다는 것이다.

그런데 레스닉 교수는 한 가지 충격적인 경험을 이야기하고 있다. 어느 날 갑자기 스크래치의 웹사이트에 30개의 프로젝트가 동시에 등록이 되어서 깜짝 놀랐다는 것이다. 그런데 놀란 이유가 더 충격적이다. 그것이 한국의 특정 지역에서 아이들 30명이 따로 등록한 프로젝트라는 점 때문이었다. 그것은 한국의 한 교실에서 교사가 학생들에게 특정 프로젝트를 어떻게 만들어 내는지 단계별로 가르쳐 준 결과물이며 학생들은 성실하게 지시를 따랐고 그것을 공유한 것이다. 레스닉 교수가 하고자 하는 말의 요지는 이것은 코딩이 추구하는 창의적 두뇌를 기르는 방식이 아니라는 점이다. 기계적인 프로그래밍을 하는 것은 코딩 교육이 추구해야 하는 목표가 아니며 주어진 과제를 어떻게 해결하는가에 대한 독창적인 사고가 핵심이다.

이것은 코딩의 관점에서뿐만 아니라 우리가 하고 있는 프로젝트에 대한 근본적인 재점검이 필요함을 일깨우는 사례이기도 하다. 프로젝트는 각자의 아이디어를 기반으로 주제에 대해서 서로 다른 방식으로 탐구를 진행하는 것이 본래의 취지에 맞다. 따라서 동일한 주제라고 하더라도 서로 다른 방식과 경로를 따라서 진행되므로 동일한 프로젝트가 될 수 없다. 이것은 다양성이라는 가치, 창의적이고 독창적인 아이디어의 추구라는 프로젝트 본래의 의미를 고려하면 당연한 것이다.

이런 고민은 이웃 나라인 중국에서도 다르지 않은 모양이다. 중국의 사립대학 중 최고의 수준으로 인정받는 칭화대 교수의 고백은 그냥 흘려버릴 수 없는 시사점이 있다. 몇 년 전 우리나라에서도 최고의 대학 학생들이 좋은 성적을 받기 위해서는 교수의 강의 노트를 그대로 외워서 토씨 하나 틀리지 않게 답안을 써 내야 하는 현실이 도마 위에 오른 적이 있었다. 칭화대 교수는 칭화대에서 A학점을 계속 받는 학생들에 대해서 매우 비관적인 평가를 하여 화제가 되었다. 이 교수는 칭화대에서 좋은 성적을 유지하는 학생들의 경우 높은 시험 성적을 받지만 창의적이고 혁신적인 마인드는 없다고 비판하였다. 그는 칭화대가 최고의 대학으로서의 역할을 유지하기 위해서는 X형 학생의 필요성을 강조하였다. X형 학생은 기꺼이 위험을 감수하고 새로운 것을 시도하며 주어진 과제를 풀기보다 자신이 직접 문제를 정의하는 학생이다. 세계적인 대학으로서 그 명성을 유지하기 위해서 그리고 국가의 미래를 위해서는 인재에 대한 대학의 인식의 일대 전환이 필요하다는 점을 지적하고 있다. 우리의 대학은 어떤가? 이런 지적에서 자유로울 수 있을까?

'기꺼이 위험을 감수하고 새로운 것을 시도'하는 것은 MIT 미디어랩의 정신과 맥을 같이하고 있다. '유치원처럼'이라는 말에는 어떤 제약도 없이 자유롭게 실패의 위험을 감수하고 끊임없이 새로운 도전을 하는 유치원의 교육 정신을 담고 있기 때문이다.

놀이학습(Playful Learning)

놀이학습이라는 개념은 놀이를 통해서 학습이 이루어지는 과정을 설명하고 있는데 다음과 같은 과정으로 진행된다.

상상 → 기획, 전략, 구현 → 놀이 → 공유 → 확장(이야기 추가, 생각) → 상상

이런 놀이학습의 예를 들면 먼저 선생님이 읽어 준 동화에서 영감

을 받은 아이들이 성을 쌓기 시작한다. 기초를 튼튼하게 하고 블록을 높이 쌓을수록 성은 점점 높아지고 그러다 보면 성이 기울어져 무너지기도 한다. 성이 무너지더라도 아이들은 포기하지 않는다. 다시 더 튼튼한 성을 만들기 위해서 다양한 방법을 고민하고 시도한다. 포기하지 않고 끊임없이 도전하여 성을 만들어 간다. 성이 만들어지면 아이들은 만들어진 성을 활용한 놀이를 한다. 성 내부에 사는 사람들의 이야기가 추가된다. 스토리텔링이 시작되는 것이다. 놀이에 몰입할수록 성은 점점 높아지고 넓어지며, 아이들이 만드는 이야기도 계속해서 확장된다. 이 과정을 전체적으로 살펴보면 성을 쌓으면서 아이들은 입체적 구조의 특징을 이해하고 안전한 구조물을 만들기 위해서 고려해야 할 수학과 과학적 요소에 대해서 더 잘 이해하게 된다. 만들어진 성을 활용해서 놀이를 하는 과정에서는 이야기를 만들면서 이야기의 구성과 등장인물에 대해서도 더 잘 파악하게 된다.

이 사례를 놀이학습의 과정으로 분류해 보면 다음과 같다.

상상: 선생님이 들려주거나 스스로 읽었던 동화나 이야기를 통해 어떤 성을 만들지 상상을 한다.

구현: 상상한 아이디어를 실행에 옮겨서 구체적인 대상으로서 성을 쌓기 시작한다.

놀이: 다양한 방식으로 성의 모습을 구현하기 위한 시도를 하며 더 높은 성을 쌓고, 쌓아진 성을 활용해서 새로운 이야기를 추가하면서 놀이를 한다.

공유: 한쪽에서 성을 쌓고 있는 아이들의 놀이에 관심을 가진 아이들이 함

게 합류해서 새로운 이야기를 만들어 가고 아이디어를 공유한다. 다른 놀이를 하던 아이들과 성을 쌓던 아이들의 놀이가 합쳐지기도 한다. 이렇게 하나의 놀이에 새로운 것이 추가되거나 합쳐질 때마다 이야기는 새로운 방향으로 발전하고, 새로운 이야기가 나오면 다시 새로운 것들이 추가된다.

생각: 교사는 성이 무너질 때 아이들이 왜 성이 무너졌는지 생각해 보도록 자극해야 한다. 필요하면 원인이 무엇인지 생각해 보도록 하고 문제를 해결하기 위한 방법을 고민하도록 힌트를 줄 수 있다. 고층 건물이나 탑 등의 사진과 같은 자료를 제공하여 아이디어를 얻도록 하는 것도 교사의 역할이다.

상상: 이런 단계를 거쳐서 아이들은 다시 상상의 단계로 진입한다. 더 높은 성이나 새로운 형태의 성을 상상하면서 성은 더 높아지고 확대되어 간다.

이런 놀이학습은 MIT 미디어 랩에서 이야기하는 창의적 학습과 유사하다. MIT 미디어 랩에서는 창의적 학습의 과정을 다음과 같이 정의한다.

새로운 아이디어를 생각 → 시도 → 대안을 실험 → 다른 사람의 의견에 귀 기울이기 → 새로운 아이디어 창출

창의적 학습의 선순환이 일어나는 MIT 미디어 랩 대학원생들의 학습은 유치원과 같은 방식으로 이루어진다. 학생들은 다양한 프로

젝트를 수행하며 그 프로젝트는 각각 다르지만 진행 과정은 비슷한 경로를 따른다.

그런데 MIT 미디어 랩의 또 다른 특별함은 창의성은 길러지는 것이며 타고나는 것이 아니라는 믿음을 실천한다는 것이다. 창의적인 생각은 호기심을 가지고 하는 탐구, 즐거운 마음으로 하는 실험, 체계적인 조사가 핵심이며 이 모든 것이 결합된 부지런한 노력으로부터 비롯되기 때문이다. 그래서 MIT 미디어 랩에서는 누구든지 작든 크든 창의성을 최대한 발휘할 수 있도록 도와주어야 하며, 작은 창의성과 큰 창의성 모두 중요하게 여긴다.

MIT 미디어 랩의 창의적 학습처럼 유치원에서 이루어지는 놀이에서 '상상 → 기획, 전략, 구현 → 놀이 → 공유 → 생각 → 상상'의 선순환이 여러 번 반복될 때 창의적인 생각이 발현된다.

놀이울과 놀이터

그런데 우리가 놀이라고 믿는 것이 모두 진정한 놀이는 아니다. 진정한 놀이의 의미를 쉽게 이해하기 위해서는 놀이울과 놀이터를 구분하는 기준에 대해 살펴보아야 한다. 놀이울은 같은 놀이를 하지만 실험의 자유와 탐구의 자율성이 없고 창의적 기회나 위험성이 없는 환경을 말한다(예: 키즈 카페). 이와 달리 놀이터는 움직이고 탐구하고 실험하고 협력할 수 있는 여지가 있는 공간이며 자신감과 창의성, 모험심을 증진할 수 있는 환경을 말한다(예: 모험 놀이터).

그런데 같은 환경이라도 어떻게 활용하느냐에 따라서 놀이울이 될 수도 있고 놀이터가 될 수도 있다. 아이들이 좋아하는 레고 브릭은 좋은 사례가 될 수 있다.

레고 브릭을 가지고 놀이를 할 때 레고 박스 앞부분에 그려진 샘플을 그대로 만들기 위해서 단계별 지시서를 따라 하고, 완성품을 선반에 잘 진열해 두는 것은 레고 놀이울이 된다. 이와 달리 상상하는 모든 동물이나 물건, 건축물을 만들고, 만들어 놓은 것을 분해하고 또 다시 새로운 것을 만드는 형태의 놀이를 하는 것은 레고 놀이터라고 할 수 있다.

겉으로 보기에 같은 놀이라고 하더라도 어떻게 진행하느냐에 따라서 그 효과는 전혀 달라진다. 레고(Lego)를 만든 덴마크에는 놀이에 대응하는 단어가 두 개이다. 정의된 구조와 규칙이 있는 놀이인 spille와 창의적이고 개방적인 놀이인 lege이다. 레고(Lego)는 개방적 놀이라는 의미의 lege(creative play)와 잘한다는 의미의 godt(well)의 합성어이다. 레고가 왜 오랫동안 전 세계인들에게 사랑받고 있는지는 그 이름이 지향하는 바에서 드러난다.

팅커러는 팅커링한다

 놀이학습에서 나타나는 또 다른 중요한 과정의 하나로 팅커링이 있다. 팅커링(tinkering)은 지속적으로 궁리하고 자신의 목표를 재검토하고 새로운 경로를 탐색하며 새로운 가능성을 상상하는 과정에서, 놀이하듯이 실험하고 반복하는 방식으로 참여하는 과정을 의미한다. 여기서 파생된 팅커러(tinkerer)는 무언가를 생각하고 적용하고 반복하는 데 익숙하며, 새로운 상황이 벌어지면 결코 기존 계획에 매달리지 않는 사람을 일컫는다.

 팅커링은 놀이와 만들기 사이의 교차점에 있다. 놀이에서 만들기로, 만들기에서 놀이로 전환되는 과정에서 팅커링이 작동한다. 놀이에서 상상한 것을 구현하는 과정, 즉 대상을 만드는 과정에서 팅커링이 작동한다. 이뿐만 아니라 만들어진 것을 활용해서 새로운 이야기를 추가하는 과정에서 팅커링은 핵심적인 요소이다. 팅커링은 상상을 실현하기 위한 전략을 궁리하는 것이며, 실현된 대상을 활용해서 새로운 상상으로 연결하는 사고의 과정을 의미한다. 이 팅커링은 새로운 가능성을 상상하고 실험하고 확인하는 것이므로 논리적이고 치밀한 계획이 없이 이루어진다. 그러므로 팅커링을 하는 사람들을 일컫는 팅커러들은 자기가 하는 일에 대한 완전한 이해 없이도 어떤 성과에 도달할 수도 있다. 이들은 완전하게 검증된 전략하에 행동하는 것이 아니라 새로운 상상과 가능성을 실현하기 위해서 시도하고 확인하는, 도전에 익숙한 사람들이기 때문이다. 그리고 진정한 팅커러들은 초기 탐구(상상, 가능성 탐색, 전략 기획)를 집중된 활동(구현, 실험)으로 전환하는 방법을 잘 찾아낸다. 완벽한 계획이 없이도 놀이가 진행되고 지속되며 확장되는 것은 놀이를 하면서 아이들은 팅커링을 하고 팅커러가 되기 때문이다.

MIT 미디어 랩에서 실시한 놀이공원 워크숍에서는 팅커러들의 특징을 정확히 보여 준다. 미디어 랩에서는 초등학생을 대상으로 초기 레고 로봇 키트를 주고 프로젝트를 진행하였다. 학생들은 놀이공원을 만들고 싶어 했고 그룹으로 나뉘어 각각 다른 놀이기구를 만들기 시작했다. 어떤 그룹은 회전목마를 만들기 시작했는데 조심스럽게 계획을 세운 다음 구조와 구동 기관을 만들었다. 회전목마를 만든 뒤에는, 이것을 회전시킬 컴퓨터 프로그램을 완성하였다. 이 그룹은 초기 아이디어에서 최종 구현에 이르는 전체 프로젝트에는 단 2시간이 걸렸다.

또 다른 그룹은 대관람차를 만들기로 했다. 그러나 대관람차의 기본 구조에 관해 30분 정도 논의한 뒤에는 대관람차 옆에 음료수 매점을 세우기로 했다. 이것은 톱니바퀴 구동 방법과 컴퓨터 프로그래밍을 배우게 하려는 애초의 목적에서 벗어난 것이었다. 그 중요한 학습 경험을 놓칠 수도 있었지만 연구자들은 개입하지 않고 두고 보았다. 매점을 만든 다음에 놀이공원 전체에 벽을 쌓고, 그런 다음 주차장을 만들었다. 공원에 들어가는 많은 사람을 조그만 레고 사람 모형으로 만들고는 놀이공원에 오는 많은 가족에 관한 이야기를 만들기 시작했다. 놀이공원 전체 구조와 놀이공원의 스토리를 완성하고 나서야 그들은 대관람차를 만들고 프로그래밍을 했다. 그들에게 대관람차 만들기는 놀이공원 전체 이야기의 일부분일 뿐이었다.

워크숍의 목표인 톱니바퀴의 역할과 그것을 구동하는 프로그램에 집중한 첫 번째 그룹이 우수한 아이들일까? 원래 과제보다는 놀이공원을 둘러싼 이야기를 스토리텔링하는 것에 더 관심을 보인 아이들은 쓸데없는 일을 한 것일까? 우리 아이들이 살아갈 세상은 어떤 아이들을 원할까?

만들기꾼과 이야기꾼

데니 울프(Denie Wolf)와 하워드 가드너(Howard Gardner)는 장난감과 상호작용 하는 방식에 따라 아이들을 두 가지 유형으로 나누었다. 놀이공원 워크숍에서 회전목마를 만든 그룹에 속한 아이들은 만들기꾼으로 분류할 수 있다. 대관람차를 만든 그룹의 아이들은 이야기꾼으로 분류된다. 이야기꾼들에게는 대관람차가 어떤 이야기 속의 일부일 때만 관심이 있다. 두 그룹은 같은 레고 키트라는 재료를 사용해 구동 장치와 컴퓨터 프로그래밍에 관해 비슷한 내용을 배우지만, 놀이와 학습 방식은 완전히 다르다. 아이들이 배움을 얻어 가는 과정에는 다양한 방법이 있고 그 경로도 다르다. 평균적인 아이는 없다. 그런데 우리는 특정한 학습의 경로가 있다고 믿고 그런 경로를 잘 따르는 아이들을 선호하는 방식으로 교육과정을 설계해 왔다. 이런 교육과정에서는 다른 방식과 경로로 더 잘 배우는 아이들은 학습에 흥미를 잃고 배제된다.

특정한 단계에서 어떤 경로(Path)와 방식(Style)으로 배우는 아이들은 다른 경로나 방식을 택하는 아이들보다 더 많은 시간을 필요로 한다. 그러나 다른 특정 단계에서는 이 아이들이 더 단기간에 효과적으로 성과를 보인다. 그렇기 때문에 아이들의 경로와 방식을 존중하는 여유로운 접근이 중요하다. 놀이공원 워크숍이 두 시간 만에 끝났다면 회전목마를 만드는 팀은 프로그램까지 완성하고, 구동에 성공했을 것이다. 반면 두 번째 팀은 이야기를 확장하느라 대관람차는 시도 하지 못했을 것이다. 기다림이 아이들의 다양한 생각을 발견할 수 있는 기회를 제공한 것이다. 아이들이 제대로 배우기 위해서는 다양한 경로와 다양한 방식의 놀이를 지원하기 위한 교사의 여유롭고 다양한 고민이 필요하다. 색의 혼합을 경험하도록 하는 놀이의 경우, 물감과 종이만이 아니라 색연필, 매직펜, 클레이와 같은 연관이 있을 것 같은 재료를 지원한다고 해서 교사가 제 역할을 다하는 것은 아니다. 색을 혼합하면서 무지개 나라가 나오고 계절과 관련된 이야기가 나올 때 이것을 어떻게 지원해야 할지 고민해야 한다.

서로 다른 경로와 방식으로 배우는 아이들이 자기 잠재력을 발휘할 수 있도록 도와주는 방법을 늘 고민해야 한다. 어떻게 하면 다양한 관심과 재능을 가진 아이들이 놀이에 몰입하게 하고 다른 영역으로 관심을 확장하도록 지원할 것인지 방법을 찾아야 한다. 그렇다고 무조건 아이들의 방식을 따라가야 하는 것으로 오해해서는 안 된다.

아이들이 하나의 놀이와 영역만 고집하는 경우 어느 정도 허용하는 것은 무방하지만 이것을 계속 고집하도록 두는 것은 곤란하다. 다른 영역이나 놀이에도 관심을 가지고 시도하도록 유도하는 것이 좋다. 자신에게 익숙하고 편안한 환경이나 방식을 선호하는 것은 아이들뿐만 아니라 성인도 마찬가지이다. 그러나 익숙한 것은 고착화되고 다른 것을 받아들이는 것에 장벽으로 작용한다. 자기가 자연스럽고 편안하게 느끼는 방식으로 배우는 것이 가장 효과적이지만, 다양한 관점과 아이디어를 수용하려면 다른 방식에 대한 경험도 필요하다. 다양한 시도와 경험을 제공하려는 교사의 노력이 아이들의 배움을 확장하고 깊이 있는 이해로 이끌 수 있다.

3부

놀이, 교사의 고민은 깊어 가고

어디까지 허용할 것인가?

　놀이중심수업을 하면서 교사들이 직면하는 고민은 '놀이를 어떻게 바라보고 어떤 식으로 접근해야 할 것인가?'이다.
　그 첫 번째는 허용의 범위 설정이다. 아이들이 자유로운 놀이를 하는 데 있어 어느 선까지 제한을 해야 하고, 어떤 범위까지 허용할 것인지를 설정하는 것도 어려운 과제이다. 이것은 시간의 문제이기도 하고 공간의 문제이기도 하다.
　정리 시간이 되면 놀이하던 상황을 다 치워야 할지에 대한 고민이 시작된다. 아이들은 시간에 구애받지 않으면 오랜 시간 동안 또는 다음 날까지 연결하여 놀이할 수 있다는 사실을 교사들은 안다. 물론 늘 그런 것은 아니다. 하지만 아이들이 원하는 순간에 교사들은 기대와 규칙 사이에서 고민하게 된다. 이처럼 허용의 범위를 어떻게 설정해야 할지 늘 고민하게 된다. 놀이 시간이 충분히 허용되면 탐색하고 알아 가는 시간도 넉넉히 주어지기 때문에 아이들은 여유롭게 생각할 수 있는 기회를 얻는 것이다. 그렇다고 늘 놀잇감이나 재료들을 늘어놓을 수도 없다. 그럼에도 자유롭게 놀이할 수 있는 시간과 공간이 충분히 제공되다 보니 아이들의 흥미와 관심을 반영한 놀이가 지속적으로 일어나더라는 교사들의 경험에 귀 기울일 필요가 있다.
　공간의 문제도 자주 겪게 되는 고민거리이다. 교실 안에서 아이들이 다양한 놀이를 하는 일들이 잦아지면서 아이들 간에 공간 확보와 공간을 분할하는 것이 갈등의 원인이 된다. 이럴 때 '공간의 이동이나 재배치에 어느 정도 아이들에게 자율권을 줄 것인지?' '복도나 계단까지 활용하는 모험을 해도 될지?' 등 교사의 경험과 용기로 풀어낼 수밖에 없는 고민을 통해서 교사도 아이들도 성장한다.

적절한 개입과 지원의 범위는?

또 다른 고민은 '교사의 개입과 지원은 어느 선까지 가능한가?'에 대한 것이다. 매달, 매주 바뀌어 가는 놀이 패턴을 파악하고 놀이를 지원하는 역할을 하며 어느 정도의 선을 지키며 놀이에 개입해야 하는지 경계를 정하는 것 또한 쉽지 않은 일이다.

'내가 이렇게 하면 놀이가 더 확장될 것 같은데' 또는 '저렇게 하면 안 되는 걸 뻔히 아는데 가만히 두고 봐야 하나?' 하는 고민들도 늘 부딪치는 현실이다. 후자는 오히려 쉬운 문제이다. 그냥 두고 보는 것이 개입하는 것보다 훨씬 좋은 결과로 이어지는 경우가 많다. 놀이는 실패를 통해서 배우는 과정이다. 더 많은 실패를 경험하도록 하는 것이 놀이를 제대로 하는 것일 수도 있다.

반면에 전자의 고민은 매우 어려운 선택이고 딱히 무엇이 옳다고 결론 내리기 어렵다. 교사의 개입이나 참여가 놀이를 더 활발하게 만들고 확장하는 계기가 되기도 한다. 그러나 때로는 교사의 개입이 아이들의 놀이를 멈추게 만드는 원인이 되기도 하기 때문이다. 이것은 정해진 답은 없지만 연령에 따른 차이는 분명한 듯하다. 어린 나이일수록 교사의 참여에 의해 놀이가 활성화되는 경향을 보인다. 어린 아이들은 모방을 통해서 놀이를 배우고 교사에 의존하는 성향이 강하므로 교사가 놀이에 참여하면 다른 놀이를 하던 아이들도 관심을 보이는 경우가 많이 관찰된다. 그러므로 어린 연령의 아이들에게는 교사의 적극적인 개입과 참여가 요구된다.

 지원은 개입이나 참여와는 조금은 다른 영역이다. 지원은 아이들의 놀이를 확장하고 지속하게 하기 위해서 필요한 아이디어나 재료, 경험을 제공하는 것이다. 적절한 순간에 적절한 지원을 하면 놀이는 심화되고 확장되며 아이들의 몰입을 끌어낼 수 있다. 그러나 잘못된 지원은 아이들의 사고를 멈추고 놀이에 흥미를 잃어버리는 부정적 경험을 초래한다. 그래서 지원은 매우 조심스럽고 정교하게 이루어져야 한다. 아이들이 충분히 생각을 끌어내고 관심을 보이기도 전에 교사가 미리 정보를 제공하는 것은 잘못된 지원의 예이다. 아이들이 특정한 주제나 사건에 관심을 보일 때 교사는 아이들에게 정보를 주기 위해서 책이나 영상 자료 또는 인터넷 검색 등을 활용한다. 이런 자료는 대부분 아이들의 관심을 제공된 정보로 한정시키고 또는 자료가 강조하는 내용이 활동의 중심이 된다. 예를 들어 아이들이 개미에 대한 관심을 보일 때 교사는 바깥에서 충분히 긴 시간을 개미를 찾고 탐색하고 아이들이 나름대로 개미에 대한 자신만의 생각을 형성하도록 할 수 있다. 이 경우 아이들은 개미에 대해 잘못된 지식을 형성할 수도 있다. 다른 한편 교사는 개미에 대한 책이나 영상 자료를 보여 주고 개미 활동지로 개미에 대한 올바른 정보를 심어 줄 수 있다. 후자는 아이들이 개미에 대한 잘못된 지식을 가지게 될 염려는 없다. 그러나 두 사례를 비교했을 때 아이들은 전자의 경우에서 훨씬 놀이에 집중하고 다양한 관심으로 확장되는 특징을 보인다. 후자의 경우 아이들은 교사가 제공하는 자료가 제시하는 내용을 중심으로 놀이를 진행하고 흥미도 더 일찍 사라지는 모습을 보인다.

교사의 입장에서 보면 후자의 경우 더 많은 노력을 하고 많은 것을 아이들에게 제공했다는 뿌듯함이 있을 수 있다. 그러나 중요한 것은 교사의 자기만족이 아니다. 아이들이 놀이에 얼마나 몰입하고 확장해 나가며 그 가운데 사고의 성장이 일어나고 있는가 하는 것이다. 그것이 배움중심수업의 핵심적 가치이며 놀이중심수업도 이런 배움중심수업의 철학과 맥을 같이하고 있다.

필자가 만나 본 교사들의 반응도 다르지 않다. 적절한 지원을 통해 점점 더 놀이의 확장이 일어나면서 놀이에 참여하는 몰입도 또한 높아졌다는 것이다.

풍부함보다 결핍을 선물하라

재료나 놀잇감을 어떻게 얼마나 제공해야 할지 결정하는 것도 지원의 중요한 부분이다. 아이들의 놀이를 더 확장하고 지속시키기 위해서 교사가 의도적으로 특정한 재료를 교실에 넣어 주는 것이 지원의 한 형태이다. 그러나 과도하거나 잘못된 자원을 선택하는 것은 아이들의 놀이를 방해하기도 한다.

좋은 사례로 만 3세의 교실에서 일어난 글자 자석 놀이를 들 수 있다. 놀이를 하다 글자 자석이 모자라자 아이들 사이에서 갈등이 발생했다. 아이들이 불만을 호소하자 그런 아이들을 위해서 교사는 글자 자석을 더 제공하는 것이 아니라 종이에 글씨를 아이들이 직접 따라 쓰도록 해서 가지고 놀게 했다. 아이들이 놀이를 한 후에는 교실 한 쪽에 아이들이 쓴 글씨를 붙여 놓고 늘 볼 수 있도록 하고 다시 쓸 수 있게 하였다. 이것은 전시의 효과인데 자신들이 쓴 글자를 지속적으로 보게 되면 다시 써 보고 싶은 마음이 들고 이것이 글자에 대한 관심으로 확장되는 결과로 이어졌다. 아이들이 결핍으로 인한 갈등에 직면했을 때 직접적으로 문제를 해결해 주기보다 아이들이 글씨에 관심을 갖도록 하는 방향으로 전환시킨 것이다.

날씨에 관심을 보이는 아이들의 경험을 확장하기 위해서 온도계를 교실에 넣어 준 교사의 지원은 아이들이 기온에 대한 탐구로 나아가게 하는 계기가 되었다. 여기서 그치지 않고 온도계의 0점을 기준으로 숫자가 대칭적으로(양과 음의 개념) 존재할 수 있고 크기가 같아도 서로 다른 값을 나타냄을 알게 되었다. 그리고 일교차에 대한 발견으로 뺄셈을 하면서 수학적 사고가 활발하게 일어났다. 교사의 적절한 지원이 아이들의 관심을 자극하고 확장된 탐구로 나아가도록 한 사례이다.

이와 달리 개미에 관심이 높아진 아이들에게 《개미와 베짱이》 동화를 소개한 사례는 적절한 지원이라고 할 수 없다. 개미의 모습과 생태에 관심이 있는 아이들에게 《개미와 베짱이》의 내용은 연계성도 떨어질 뿐만 아니라 관심을 전환시키기도 한다. 실제로 《개미와 베짱이》 동화를 소개한 것이 아이들의 관심을 동극으로 전환시킨 사례도 있다. 이런 경우는 운이 좋은 경우이다. 교사가 재빨리 동극을 지속시키기 위한 지원을 한 현명한 대처가 있었기 때문이다. 아이들의 놀이를 방해한 사례가, 교사의 선의와 노력에 의해서 일어나는 경우는 그리 드물지 않다.

어떤 경우에는 늘 쓰던 재료나 이용하던 놀잇감을 의도적으로 빼는 것도 지원이다. 제공하는 것만이 지원이 아니라 빼는 것도 지원이라니? 의아할 수도 있다. 이것은 결핍의 제공이다. 늘 사용하는 종이블록, 색종이, 휴지심, 종이박스를 주지 않고 놀이를 하도록 하면 아이들은 고민에 빠진다. 궁리를 하기 시작하는 것이다. 다른 대체물을 찾고 대안적 방법을 모색하는 시도를 하도록 기회를 제공하는 것이 결핍을 제공하는 교사의 지원이다.

공간과 환경은 아이들에게 묵시적으로 지시한다. 완전히 틀이 갖추어진 환경에서 아이들이 자유롭게 무엇인가를 시도하기는 어렵다. 용도가 정해진 완성형 놀잇감이 바람직하지 않은 이유이다. 아이들이 블록에 더 몰입하는 것도 자유로움을 제공하기 때문이다. 어떤 환경을 제공할 것인가도 적절한 지원을 위한 중요한 고려 사항이다. 이 모든 고민은 정해진 답이나 해결책이 있는 것이 아니라 교사가 유심히 아이들의 놀이를 근접 관찰 할 때 올바른 판단을 할 수 있다는 공통점이 있다.

계획은 세우나 고집하지 않는다

　계획안에 대한 부담감을 스스로 내려놓는 것도 매우 어려운 도전이다. 계획안에 대해 집착하게 되는 것은 결과에 대한 부담감이 가장 크게 작용하는 것으로 보인다. 많은 교사들이 결과물이 한눈에 보이지 않는 경우가 생길 때면 항상 불안감을 느낀다고 이야기하고 있기 때문이다.

　이것은 놀이를 하더라도 교사 주도의 놀이를 해 왔고 교사의 계획에 의한 수업을 하도록 지시받고 심지어 확인받기까지 해 온 교육과정의 역사 때문이다. 그리고 결과로 모든 것이 평가되는 우리의 교육시스템의 탓이기도 하다. 그러나 이제 교육의 패러다임이 바뀌었다. 현재의 교육과정에서 추구하는 놀이중심수업은 진정한 맞춤형 개별화 교육이다. 맞춤형 개별 교육은 학습자가 학습 과정을 더 많이 선택하고 통제해야 하는 것을 의미한다. 학습 방법, 학습 내용, 학습 시기, 학습 공간 등을 학습자 자신이 통제해야 한다. 자신의 관심과 열정에 기반해서 학습하므로 더 큰 동기를 부여받고 배움 자체가 더 의미 있다. 교사가 선택하고 통제하는 것이 아니라는 것이다.

　그러나 여기에 큰 오해가 발생하기도 한다. 아이들이 자신의 관심사를 따라가도록 해야 한다고 해서 성인이나 교사의 개입이 금지된다고 생각하는 오해가 바로 그것이다. 교사는 아무것도 계획하지 않고 전혀 개입하지 않으며 아이들을 그냥 지켜보기만 해야 할까? 이 또한 극단적인 사고이다.

놀이에서 아이들의 자유와 수업의 체계 사이의 올바른 균형을 찾는 것이 창의적 배움을 위한 핵심 열쇠이다. 너무 많은 체계와 너무 적은 체계 둘 다 문제가 될 수 있다. 체계가 너무 적거나 없으면 아이들은 아이디어를 찾거나 이를 실행하는 것을 어려워한다. 발현적 교육과정이라는 것이 얼마나 어려운지는 현장의 교사들은 잘 안다. 교사가 아이들에게 방향을 제시하고 관심을 끌어내는 것조차 잘못된 것으로 치부해서는 안 된다. 그래서 교사의 수업 계획은 필요하다.

그러나 체계가 너무 경직되면 아이들은 자신이 원하는 것을 찾기 어려워진다. 앞에서 아이들이 충분히 생각을 하기도 전에 정보나 재료를 주면 아이들은 그 정보 안에 갇히게 된다. 교사는 아이들에게 주제나 방향을 제시하고, 아이들의 관심사를 발견하고 그 분야를 더 파고들도록 경험과 아이디어를 제공해야 한다. 아이들의 관심사를 파악하고 그 분야를 탐구하도록 한다는 말에 주목해야 한다. 교사는 계획을 세우고 주제를 제시하지만 자신의 구체적인 계획을 고집해서는 안 된다. 아이들의 관심을 따라가려면 자신의 계획을 포기할 수 있어야 한다. 제한적으로 시작해서 제한 없는 단계로 나아가는 지혜가 필요하다. 그 제한 없는 단계로 나아가도록 자극하는 아이디어와 다양한 경험을 제공해야 한다.

많은 교사들이 놀이중심수업을 운영하면서 자신이 생각보다 권위적인 교사였고, 그래서 아이들의 의견에 귀를 기울이며 허용해 주는 게 쉽지 않았다는 고백을 하고 있다. 아이들의 관심사를 발견하려면 이런 자기 성찰이 중요하다. 자신이 얼마나 아이들을 존중하고 있는지 아이들의 가능성을 발견하려고 하고 있는지 자각하는 순간 변화가 가능하기 때문이다. 그리고 매 순간 의미를 만들어 내려는 교사의 부담감을 내려놓고, 그 과정을 그대로 지지하려는 태도가 필요하다.

현장에서 만난 교사들은 새롭게 시도하는 놀이중심수업에 대해 고민도 많았지만 교사들 스스로 자신만의 답을 찾아 가는 모습을 보였다. 바뀌어 가는 자신의 모습을 발견하고 아이들의 놀이에 더 관심을 기울이고 아이들을 마음으로 사랑하게 되는 교사로서 자신의 정체성을 새롭게 정립하고 있다.

놀이는 여행이다

알랭드 보통은 《여행의 기술》[12]에서 세상을 탐색하고 발견하는 여행의 방식에 대해 이야기하고 있다. 여기서는 훔볼트, 고흐 그리고 러스킨의 여행에 대해 소개해 보려고 한다.

앞에서도 언급했던 것처럼 자연에 대해 어릴 적부터 남다른 관심과 호기심을 가졌던 훔볼트는 이전의 탐험가들이 남아메리카에서 발견하지 못한 것들을 발견한다. 해발 5,076미터에서 눈 위로 바위 이끼가 자라는 것을 발견하고 해발 4,500미터에서 나비를 한 마리 잡았으며 거기에서 500미터를 더 올라가서 파리를 볼 수 있었다.

---

12) 알랭드 보통, 《여행의 기술》, 이레, 2004.

훔볼트는 어린 시절부터 '왜 선과 악이 있을까?' '자연은 어떻게 움직일까?' '나는 왜 나일까?'와 같은 질문을 품었다. 어떻게 늘 이런 질문을 중심에 두고 살아가게 되었을까? 그 배경에는 그를 지지하는 가족 그리고 그의 관심을 지속할 수 있도록 한 교육적 지원이 있었다. 그것이 훔볼트가 왜 이전에 남아메리카를 탐험했던 다른 사람들과 달리 수많은 다른 사람들의 관심을 끌 수 있는 발견을 할 수 있었는지에 대한 답이 될 것이다.

훔볼트의 흥분은 세상을 향해 물어볼 올바른 질문을 가지는 일이 얼마나 중요한지 증언해 주고 있다. 우리들 대부분은 사물을 볼 때 질문이 떠오르지 않으며 질문이 없으므로 흥분도 일어나지 않는 것이다.

교사가 아이들을 탐험(관찰)하는 것도 비슷한 양상을 보인다. 교사가 사전에 아이들에 대해서 규정하거나 아이들의 배움을 미리 정해 버린다면 교사는 아이들의 생각과 배움의 과정에서 어떤 흥미로운 것도 새로운 것도 발견하기 힘들 것이다.

고흐의 여행은 특별한 것을 발견하는 눈에 대한 이야기이다. 고흐가 아를로 이사한 이유는 남부를 그리고 싶었고, 자신의 작품을 통해서 다른 사람들이 남부를 '보도록' 돕고 싶었기 때문이다. 고흐는 화가는 세상의 한 부분을 그릴 수 있고 그 결과 다른 사람들이 그것에 눈을 뜨게 해 줄 수 있다고 믿었다.

세계는 매우 복잡하기 때문에 똑같은 시간에 똑같은 장소에서 그린 2점의 사실적 그림도 예술적 양식이나 화가의 기질에 따라서 서로 크게 달라 보일 수 있다. 특별함을 발견할 수 있는 눈이 남들과 다른 그림을 그리도록 한 것이다. 고흐의 사이프러스가 바람에 신경질적으로 퍼덕이는 불꽃을 닮았던 것은 그것을 발견한 고흐의 눈이 있었기 때문이다. 고흐가 프로방스에서 발견한 녹색을 띤 황금빛, 노란색을 띤 황금빛, 분홍색을 띤 황금빛은 이전에는 없었던 프로방스의 빛깔이었다. 고흐가 독특했던 것은 그가 중요하다고 느껴서 선택했던 것이 독특했기 때문이며 고흐로 인해 프로방스는 새롭게 태어났다.

고흐는 고전적인 예술 규칙을 따르지 않았기에 특별함을 발견하고 드러낼 수 있었다. 그것이 고흐의 그림이 오랫동안 많은 사람들의 사랑을 받는 이유이다. 그렇다면 교사는 어떤 눈으로 무엇을 보아야 할까? 교사는 아이들에게서 어떤 특별함을 발견하고 드러낼 것인지 고민해야 한다.

그림을 그리는 것의 의미를 되돌아보게 한 것은 러스킨의 여행 이야기이다. 앞에서도 이미 언급했지만 데생은 아름다움을 느슨하게 관찰하는 데서부터 자연스럽게 발전하여 그 구성 요소들에 대한 깊은 이해를 얻게 되고 따라서 그것에 대한 좀 더 확고한 기억을 가지게 한다.

아무리 아름다운 나무라 해도 행인을 1분 이상 잡아 둘 수 있는 경우는 아주 드물다. 그러나 나무 한 그루를 그리는 데는 적어도 10분간의 예리한 집중이 필요하다. 대충 그림을 그려 보아도 우리가 전에는 사물의 진정한 모습을 몰랐다는 사실이 금방 드러난다. 그림에서 얻을 수 있는 또 하나의 이득은 어떤 풍경이나 건물에 이끌리는 이유를 의식적으로 이해할 수 있다는 것이다.

"이것이 마음에 들어." 하고 말하는 것에서 좀 더 정확하게 "이것이 마음에 드는 이유는…."으로 넘어갈 수 있고, 마음에 드는 것들에 대한 일반화를 향해 나아갈 수도 있다. 아이들도 그림으로 그린 것에 대해서 좀 더 자세히 설명하는 모습을 보이곤 한다. 그림이 가지는 힘과 의미이다.

그런 점에서 아이들에게 그림을 그리게 하는 활동에 대해서 다시 생각해 보아야 한다. 우리가 아이들의 그림을 중요하게 여기는 이유는? 그림에서 보아야 할 것은? 교사는 이런 질문을 던져야 한다.

아이들을 어떻게 볼 것인가?

아이들은 모두가 관심을 가지지 않는 평범한 사물이나 사건에 대해서도 궁금해하고 의미를 만들어 낸다. 아이들에게 세상의 모든 것들은 탐구해 볼 만한 가치와 의미가 있다. 가치가 있고 의미가 있는 세상은 탐색하고 발견하고 싶은 욕구를 불러일으킨다. 아이들의 특징은 그런 욕구에 충실하고 대담하게 반응한다는 것이다. 세상을 탐색하기 위한 나름대로의 전략을 세우고 절차를 구상하며 시도하고 확인한다. 이런 과정을 통해서 아이들은 지식의 습득을 넘어서 지식을 탐구하는 방법을 배우게 된다. 이렇게 지식 탐구의 방법을 터득한 아이들은 새로운 지식에 대한 열망을 드러내고 또 다른 도전에 나서게 된다.

지식 습득 중심의 학습과 달리 지식 탐구 중심의 놀이를 한 아이들은 대상에 대한 추론과 가설을 세우는 과정에서 무한한 상상력을 발휘한다. 추론과 가설 그리고 이에 대한 시도와 확인은 반성적 사고와 치열한 토론, 협력을 총체적으로 끌어내는 통합적 배움의 과정이다.

문제는 이런 과정의 문 앞으로 '어떻게 아이들을 데려다 놓을 것인가?' 하는 것이다. 즉 동기를 유발하는 교사의 역할이 필요함을 의미한다.

어떻게 동기를 유발할 것인가?

스키너는 쥐에게 먹이를 주는 조건을 달리하고 그 반응을 관찰하는 유명한 '행동 강화' 실험을 진행했다. 이 실험에서는 네 가지 조건에서 쥐가 어떤 행동을 보이는지 관찰하여 흥미로운 발견을 하게 된다.

① 고정 간격 스케줄: 손잡이를 누르든 아니든 일정한 시간 간격으로만 먹이가 나오는 조건.
② 변동 간격 스케줄: 손잡이를 누르든 아니든 불규칙하게 먹이가 나오는 조건.
③ 고정 비율 스케줄: 손잡이를 누르면 반드시 먹이가 나오게 한 조건.
④ 변동 비율 스케줄: 손잡이를 누르면 먹이가 나오기도 하고 나오지 않기도 하는 조건.

이 실험의 결과는 일반적인 기대를 깨고 손잡이를 누르는 횟수는 ④ → ③ → ② → ① 순으로 나타났다. 일반적인 예측과 달랐던 것은 손잡이를 누르면 반드시 먹이가 나오는(③) 조건보다 손잡이를 누르면 먹이가 나오기도 하고 아닌 경우도 있는(④) 조건이 쥐의 동기를 더 자극했다는 점이다.

우리가 일반적으로 가지고 있는 대가(보상)의 효과에 대한 기대와는 전혀 다른 결과이다. 기업뿐만 아니라 정부 기관과 교육 기관에서조차 성과에 따른 대가(보상)를 약속할 때 효율이 높아진다고 당연하게 믿고 있다. 그러나 이 '행동 강화' 실험은 어떤 행위를 할 때 대가가 반드시 주어지는 경우보다 대가가 주어질지에 대한 확신이 없을 때 더 효과적으로 행위의 동기가 강화된다는 것을 보여 준다.

인간의 행동에서도 이런 경향이 뚜렷하게 나타나는 사례가 있는데 바로 슬롯머신이나 파친코 같은 도박이다. 여기에는 확률의 변동이라는 변동 비율 스케줄 조건이 도박에 빠져드는 강력한 동기를 만든다. 이런 동기를 자극하는 물질이 도파민이다. 오랫동안 쾌락 물질로 알려져 온 도파민은 최근 연구를 통해 사람에게 쾌락을 느끼게 하기보다는 무언가를 추구하고 찾게 한다는 사실이 밝혀졌다. 그런데 도파민 시스템은 예측하지 못한 일에 직면하면 자극을 받는다. 스키너 상자 실험의 변동 비율 스케줄, 슬롯머신 그리고 언제 어떤 이유로 반응할지 모르는 소셜미디어에 사람들이 매달리는 이유이다. 놀이에서도 우연한 계기에서 아이들이 몰입하고 사고를 확장한다. 예측한 결과보다 예측하지 못한 일이 일어날 때 아이들은 더 집중해서 궁리하고 실패를 기꺼이 받아들이고 도전을 지속한다.

동기유발과 관련해서 '성과급으로 혁신을 유도할 수 있을까?'에 대한 질문도 끊임없이 제기되어 왔다. 프린스턴대학교의 샘 글럭스버그 교수는 둔커의 촛불 문제[13]를 이용하여 다른 실험을 했다. 실험 참가자들에게 답을 빨리 찾아내면 그에 상응하는 대가를 주겠다고 약속하고 결과를 관찰했다. 그 결과 참가자들이 문제를 해결하는 데 걸리는 시간이 확연하게 늘어났다. 둔커의 실험 때보다 평균 3~4분 정도 시간이 더 걸렸다. 대가의 지급이 예견된 상황에서 문제 해결 능력이 저하된 것이다. 물론 단순 반복 작업에서는 대가의 예고가 성과를 향상시킨다는 결과도 있다. 여기서는 배움과 같은 창의적 사고가 요구되는 상황에서는 예고된 대가가 오히려 역효과를 초래한다는 사실을 말하고자 하는 것이다.

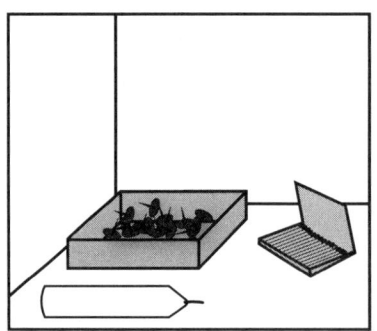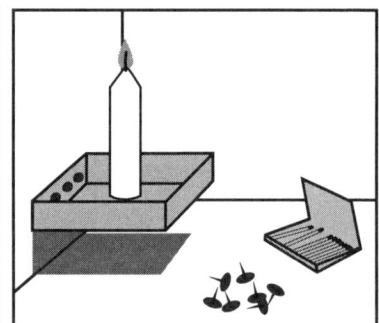

---

13) 둔커의 촛불 문제는 압정이 들어 있는 종이 상자와 초를 주고, 테이블 위에 촛농이 떨어지지 않도록 하여 초를 벽에 붙이는 방법을 찾도록 하는 문제이다. 이 문제에 도전한 성인의 대부분은 약 7~9분 만에 문제를 해결했다.

그 외에도 많은 실험에서 대가를 약속하면 성과가 저하되고, 높은 성과급이 기대되는 행동만을 유도한다는 부정적 효과가 드러났다. 대가가 약속되면 성과를 높이기 위해서 노력하는 것보다 어떻게 하면 리스크를 피하고 대가를 받을 수 있는지가 사람들에게 중요한 관심사가 된다. 즉 예견된 대가는 최소한의 노력으로 더 많은 대가를 얻을 수 있는 방법을 선택하도록 만든다. 과제를 선택할 때도 자신과 조직의 성장보다는 대가를 많이 받을 수 있는 과제를 선택하게 된다. 학교에 성과급이 도입된 후 자신의 전문성과 상관없이 가산점이 높은 업무를 맡으려고 하는 다툼이 끊이지 않는 것은 애교에 불과하다. 학생을 지원하는 업무나 난도가 높은 업무보다 자신이 맡은 업무에 높은 가산점을 부여하려고 논쟁이 벌어지기도 한다. '예고된' 대가는 이렇게 인간의 창의적인 역량을 저해한다.

놀이의 과정에서도 교사가 어느 단계에서든 대가를 예고하면 활동의 결과와 대가로 관심이 전환되면서 몰입해 있는 활동에 대한 자발적 동기가 저하된다. 우리가 당연하게 믿고 있는 당근의 효과가 창의성을 높이는 효과보다 부정적인 영향이 더 크다는 사실에 주목해야 한다.

놀이와 탐색은 분리할 수 있을까?

놀이와 유사한 행동으로 가장 많이 언급되는 행동은 탐색(exploration)이다. 많은 교사들이 놀이와 탐색의 차이와 유사성에서 심각한 고민에 빠져들기도 한다. 특히 프로젝트를 도입하고 있는 교사들은 프로젝트가 놀이인지 아닌지에 대해 혼란스러워하기도 한다. 그것은 놀이와 탐색을 어떻게 이해할 것인지, 그 차이와 유사성에 대한 구분은 어떤 지점에서 이루어져야 하는지에 대한 해결되지 않은 의문으로부터 비롯된다.

놀이와 탐색은 모두 내적으로 동기화된 행동이며, 외적 목표를 직접 추구하지 않는다는 점에서는 유사한 특성을 보인다. 반면 탐색은 영아가 익숙하지 않은 새로운 사물에 호기심을 보이면서 '이 사물의 속성은 무엇일까(what object)?'라는 의문을 풀기 위한 행동인 반면, 놀이는 '이 물건을 가지고 무엇을 할 수 있을까(What can I do with this object)?'라는 의문에 관련되는 행동이다.[14]

다시 말하면 놀이는 '무엇을 할 수 있는가?'로 발전되는 역량적 성격으로 해석될 수 있으므로 탐색의 특성까지 포괄하는 더 광범위한 의미를 포함하는 것으로 해석될 수 있다. 즉, 탐색은 '무엇을 아는가?'에 가까운 행위라면 놀이는 '무엇을 할 수 있는가?'에 밀접한 행위라고 할 수 있을 것이다.

탐색은 특정 탐색(specific exploration)과 다각적 탐색(diversive

---
14) 최석란, 《놀이와 유아발달》, 양서원, 2005.

exploration)으로 구분되는데 특정 탐색은 새로운 자극에 접할 때 그 자극체를 만져 보고 조작하여 시험해 보는 반응을 말하며, 다각적 탐색은 자극체의 특성을 파악한 뒤에 좀 더 내적으로 동기화되어 오랜 시간 동안 지속되는 탐색을 말한다. 놀이의 포괄적 특성과 내적동기에 의한 몰입을 고려하면 놀이는 특정 탐색보다는 다각적 탐색에 더 가깝다고 볼 수 있다.

좀 더 구분해 보자면 놀이는 놀이자의 욕구와 소망에서 발현되며, 대상에 대한 자극을 생성하는 유기체 지배적 행동이다. 이와 달리 탐색은 물체나 상황, 즉 자극을 주는 대상에 대한 정보를 획득하고자 하는 자극 지배적인 행동이다.

놀이는 아이의 요구와 흥미에 지배를 받고 행동이 일어나므로 즐겁고 다양하며 새로운 행동인 반면, 탐색은 탐색되는 대상의 자극적 특성에 지배를 받고 행동이 일어나는 심각하고 조심스러운 정형화된 행동으로 정의할 수 있다.

사실 놀이와 탐색은 개념적으로 구별은 되지만 행동으로 구분하기 쉽지 않다. 탐색이 순간적으로 변해서 놀이가 되고 놀이가 진행되는 과정에서 탐색이 이루어지는 탐색적 놀이로 결합되는 것이 빈번하게 일어나기 때문이다.

이것은 놀이가 탐색을 포괄하는 특성을 갖기 때문인데 실제로 영아와 동물에게 있어 놀이의 주요 기능은 탐색이다. 그리고 대부분 아이들의 행동에서는 탐색이 놀이에 선행되어 나타나는 것을 볼 수 있다. 아이들은 새롭고 신기한 자극을 접하면 먼저 탐색을 하게 되는데 이는 탐색을 통해 새로운 자극에 대해 충분히 정보를 수집한 후에야 그 정보를 이용해서 놀이를 할 수 있게 되기 때문이다. 탐색을 통해서 자극에 익숙해지면 수집된 정보를 활용해서 다양한 놀이를 진행하는데 수집된 정보의 양과 질이 충분할 때 더 다양하고 확장된 놀이가 가능해지는 것을 확인할 수 있다.

놀이와 일(학습)은 어떻게 다른가?

놀이는 아이의 흥미와 욕구에 의해서 일어나므로 능동적이고 자발적이며 재미있어야 한다. 내적동기에 의하고 현실 유보적이며 내적 통제 신념의 특성을 가지므로 과정 중심적이며 현실을 뛰어넘는 자유로움과 몰입의 특성이 강한 활동이다. 반면 일(학습)은 외부로부터의 동기에 의해서 일어나는 수동적이고 강요적인 특성을 갖는다. 현실에 강하게 구속되며 외부에서 부과된 규칙에 의해 통제받으므로 흥미와 몰입을 유지하기 어렵다.

개념적으로는 이렇게 놀이와 일(학습)은 서로 상반된 특성으로 구분할 수 있으나 현실적으로 인간의 활동을 놀이와 일(학습)로 완전히 구분하기는 어렵다. 모든 행동은 놀이와 일(학습)의 측면을 동시에 가지고 있는 것이다. 어떤 경우는 놀이에 더 가깝고, 어떤 경우에는 일(학습)에 더 가까워지는 것이다. 일(학습)의 행동처럼 보이던 상황이 갑자기 놀이의 상황으로 변하기도 하고, 놀이에서 갑자기 진지한 탐구로 전환되어 일(학습)의 형태가 되기도 하는 일들이 빈번히 일어난다. 아이들의 행위는 늘 놀이와 일(학습) 사이의 어디쯤엔가 놓여 있게 된다는 사실을 인정할 필요가 있다.

앞서 탐색과 놀이의 관계에서처럼 아이에게 일(학습)에서 놀이로 진행되기도 하고, 때로는 놀이가 일(학습)의 형태로 바뀌기도 한다. 어떤 경우에는 놀이와 일(학습)이 동시에 혼재되어서 일어나기도 한다는 것을 깨닫는 것이 아이의 행위를 이해하는 적절한 방법일 것이다.

유치원과 초등학교 1, 2학년을 대상으로 아동 및 교사를 면담하고 교실 활동을 관찰하여 아동이 일과 놀이와의 관계를 어떻게 인식하는지를 파악한 Wing(1995)[15]의 연구에서도 아동들 역시 모든 활동을 일과 놀이의 양극단으로 보지는 않으며 하나의 연속체로 보았다.

어떤 활동에서 아이는 정말 놀이답게 자유롭고 즐거우면서도 동시에 매우 심각하고 신중하게 행동한다. 젠가 게임을 하는 아이들이 보이는 집중력은 일(학습)의 특성을 보인다. 하지만 게임을 하는 아이들은 몰입하고 과정을 즐긴다. 실패하는 것을 두려워하지 않고 다시 도전한다. 이렇게 놀이와 일(학습)은 종종 융합된다.

이와 유사하게 Dewey(1934)는 놀이와 일(학습)을 혼돈(chaos), 놀이(play), 일(work), 고된 일(drudgery)이라는 네 단계의 연속선으로 제시하기도 하였다. 사실 놀이와 일(학습)은 적응 과정에서 보완적인

---

15) 양옥승, 「유아교육과정의 재개념화: 포스트모더니즘적 관점에서 유치원의 자유놀이에 대한 이해」, 교육과정연구, 2002, Vol. 20, No. 1, pp. 53-73.

부분이며, 적응 과정에는 동화로서의 놀이와 조절로서의 일(학습)이 둘 다 필요하다(Elkind(2001)). 놀이와 일(학습)은 서로 반대되는 것이 아니며 좋은 놀이는 매우 즐겁기도 하지만 동시에 매우 진지하다.[16]

언어와 사고

언어는 우리의 사고를 명확하게 정리할 수 있도록 역할한다. 아이들이 생각을 말이나 글로 표현할 때 그 생각은 구체화되고 체계화된다. 머릿속에 떠오르는 생각은 명확하게 정리되지 않은 경우가 대부분이다. 어른들도 마찬가지이다. 머릿속에 무언가 생각이 떠오르지만 처음에는 명확하지 않다가 대화나 글을 쓰는 과정에서 또렷하게 정리되는 경우를 흔히 경험한다. 아이들의 생각도 말이나 글로 표현하는 과정에서 점차 논리적이고 구조적으로 정리된다. 그래서 아이들이 이야기를 하거나 질문을 할 때, 좀 더 구체적으로 질문을 하는 것이 필요하다. 교사의 질문에 대답을 하는 과정에서 아이들의 생각이 명확하게 정리가 되기 때문이다.

아이들이 글을 익혀 글 읽기와 쓰기를 시작할 때, 아이들의 사고 체

---

16) Fergus P. Hughes 저, 유미숙 등 역, 《놀이와 아동발달》, 시그마프레스, 2012.

계는 새로운 단계로 폭발적인 성장을 하는 기적의 시기를 맞이한다. 아이들이 언어를 익히기 시작하면서 확장되는 정보의 양은 이전의 시기와 비교할 수 없을 정도로 늘어난다. 이런 경험의 확장은 그들의 정신 발달에 문화적인 증폭을 일으킨다. 언어를 배우는 것은 아이들의 정신 발달에 결정적인 영향을 미친다.

말에 비해서 문자는 이런 사고의 구체화에 보다 중요한 영향을 미친다. 말로 의사를 표현하거나 정보를 전달할 때 우리는 언어만이 아니라 어조, 표정, 몸짓 등을 보조적 수단으로 동원한다. 말을 할 때 우리는 정확한 생각을 전달하기 위해서 엄밀한 언어 표현을 사용하지 않아도 된다는 것을 의미한다. 이에 비해 읽기나 쓰기는 정확한 의도와 생각을 이해하기 위해서는 보다 엄밀하고 구체적인 언어 표현이 요구된다. 그것이 다른 사람의 글을 읽으면서 그 생각을 이해하는 것이든 말이다. 심지어 내가 쓴 글을 다른 사람이 제대로 이해하기 위해서는 더 많은 정보와 구체적인 표현 그리고 다른 사람의 입장에서 점검하는 반성적인 사고가 요구된다.

언어교육의 정점은 글쓰기, 문장의 완성이다. 문장을 완성하는 것은 언어의 구성 요소와 구조를 이해하는 것이기도 하지만 생각의 구조화가 선행되어야 한다. 단어와 단어의 관계, 문단의 연결, 시간적 배열 등의 규칙을 통합적으로 사고하는 능력이 갖추어졌음을 증명하는 것이다. 추상적, 논리적 사고가 가능할 때 제대로 된 글쓰기를 할 수 있다. 이는 비고츠키가 말하는 고등정신기능이 형성되고 있음을 보여 주는 증거이다. 다시 말해, 언어는 아이들의 고차적 의식을 형성하는 핵심적인 도구이다.

놀이에 의식적으로 언어 경험을 제공하라

아이들에게 언어 경험을 의식적으로 제공하는 것이 중요한 이유가 바로 여기에 있다. 이것은 다시 말하면 언어 경험이 단순히 글을 읽고 쓸 수 있는 기능에 그쳐서는 안 된다는 것을 의미한다. 언어 경험, 나아가서 언어교육은 고차적 의식 내지 고등정신기능을 일깨우고, 아이의 뇌가 정신적 문법을 재생산하도록 하는 매우 중요한 작업이다. 따라서 아이들이 되도록 일찍 문자를 익히게끔 하는 것을 주저할 이유는 없다. 피아제, 비고츠키, 몬테소리 모두 3~5세의 아이들이 문자를 익힐 능력이 있음을 증명했다. 문제는 단순히 글자를 암기하고 쓰는 것에 중심을 두는 것이 아니라 문장을 통해 아이의 뇌에 고등정신기능과 정신적 문법이 형성되도록 하는 데 초점을 맞추어야 한다. 이런 관점으로 보면 아이들에게 언어교육이라는 접근보다 언어 경험이라는 접근이 중요함을 이해하게 된다. 언어의 기능, 구성, 구조 등과 같은 사고의 자극을 동반하는 언어 경험이 핵심이어야 한다. 이런 방향성이 설정되면 언어를 가르치거나 이야기를 들려주는 것에 초점을 맞추는 행위가 아니라 언어를 통해서 사고의 핵심으로 접근하는 행위로서 언어 경험을 제공하게 될 것이다. 글을 읽을 수 있는 아이들에게도 의도적으로 책을 읽어 주는 것, 언어를 활용한 다양한 연상 사고, 확산적 사고, 논리적 사고를 자극하는 놀이 등을 통해 언어 경험이 이루어지게 된다.

언어 경험에서 책 읽어 주기를 강조하는 이유는 너무 일찍부터 독서를 하는 것이 장기적으로 독서 습관에 부정적으로 작용한다는 연구 결과가 있기 때문이기도 하지만, 교사나 부모가 책을 읽어 주는 것이 정서적 안정감을 주기 때문이다. 책 읽어 주기의 장점은 이것만이 아니다. 어른들이 읽어 주는 이야기를 들으면서 아이들은 마음껏 상상력을 펼친다. 이야기를 들으면서 아이들은 자기만의 장면을 상상하고 등장인물을 그려 본다. 아이들의 그림책에서 나오는 배경이나 색, 등장인물의 모습에 제한되지 않는 자신만의 생각을 펼치게 된다. 언어를 활용한 놀이는 언어를 익히는 효과 외에도 고등정신기능의 핵심 요소인 연상 사고, 확산 사고, 은유, 논리적 사고를 기르는 데 도움이 된다. 우리가 흔히 하는 끝말잇기, 초성 게임, 동시 짓기, 문장 읽고 추론하기 등의 게임은 언어 습득뿐만 아니라 사고력 성장에도 효과적이다.

 말이나 글로 완성하는 문장은 사고의 성장과 밀접한 관계가 있다. 완성된 문장이란 문법적으로 체계화된 문장을 의미한다. 문법적으로 체계화된 문장은 '누가-언제-어디서-무엇을-어떻게-왜'로 구성되는 문장의 요소들을 논리적으로 잘 연결하는 것을 의미한다. 이것은 자신의 내면에서 하나의 세계를 완성하는 과정에서 나오는 것이며 정교한 정신의 모형이 형성되고 있다는 증거이다. 다시 말하면 문장의 완성은 정교한 정신의 모형이 형성될 때 가능한 것이고 정교한 정신의 모형, 즉 고등정신기능의 성장을 위해서 문장 완성 훈련은 매우 중요한 수단이다. 인간은 언어의 토대 속에서 사고한다는 구조주의의 주장처럼 인간의 사고와 언어 경험은 분리할 수 없는 관계를 맺고 있다.

논리적 추론은 물론이고 시간 의식을 바탕으로 하는 역사의식, 자기의식과 같이 형식적 조작기에 생기는 인지능력들은 아이들의 언어 발달과 매우 밀접하게 연관되어 있다고 한다. 그리고 이런 능력은 자연 발생적이지 않으며 길러 내고 성장시키는 것이다. 아이들의 사고의 성장을 위해서 언어 경험의 중요성을 주목해야 하는 이유이다.

모든 교육 활동이 마찬가지이지만 언어 경험도 명확한 목적과 방향성을 가지고 이루어져야 한다. 똑같이 책을 활용하더라도 교사의 목적과 의도에 따라서 아이들은 서로 다른 지식과 사고의 영역을 경험하게 된다. 앞에서 이야기한 것처럼 그림책의 내용을 보여 주면서 읽어 주는 경우와 내용을 보여 주지 않으면서 읽어 주는 경우는 아이들의 상상력 자극에서 큰 차이를 보인다. 아이들의 문해력을 기르기 위해서 문장 이어 쓰기(아이들이 한 줄씩 문장을 완성하면 다음 아이가 문장을 이어 쓰는 방식으로 이야기를 완성)를 하는 것은 문해력을 기르고 논리적 사고를 향상시키게 된다. 이야기가 논리적 연결성과 완결성을 갖추기 위해서는 앞사람의 이야기를 정확히 이해하고 의도를 파악해야 한다. 앞사람의 이야기를 이해하는 문해력과 다음에 이어져야 할 적당한 이야기를 만들어 가는 논리적 사고가 동시에 길러진다. 단어 카드를 아이들이 직접 만들도록 하는 것은 언어 경험과 더불어 다양한 표현을 자극해서 상상력을 키우는 효과가 있다. 동시를 짓는 것은 은유(메타포)의 유사성의 상징화라는 고등정신기능의 진수로 이어질 수 있다. 동시를 지을 때 교사가 해야 할 역할은 이런 동시의 특성을 잘 살릴 수 있도록 질문하고 지원하는 것이어야 한다. 동시는 감정이나 느낌의 표현뿐 아니라 은유라는 고도의 사고 작용도 중요한 요소임을 인식할 때 교사의 역할이 달라진다. 무엇보다 중요한 것은 언어 경험이지, 언어 학습이 아니라는 점이다. 글자를 알고 쓸 수 있는 것에 초점을 맞추는 것이 아니라 언어가 사고의 기반이 된다는 점에 중심을 두어야 한다. 언어의 활용과 언어를 통한 활발한 사고 작용을 촉진하는 것이 목표여야 한다.

텍스트의 이해는 질문을 이해하는 것이다. 텍스트의 이해는 텍스트가 우리 사회의 문화 역사의 현상에 대해 던지는 질문의 의미를 파악함으로써 가능해지기 때문이다.

텍스트 해석의 과정은 해석자가 텍스트의 의미에 대해 내적으로 질문하고 그 질문에 대한 답을 찾아내고, 다시 질문하고 다시 응답하는 과정을 반복하는 내적인 질문과 응답의 순서이다.

이 이해의 과정은 대화와 유사하다. 대화에서는 상대방의 물음에 대해 자신을 개방하고 있으므로 대화 참여자는 자신의 주관적 관점에 의해 대화를 이끌고 갈 수 없다. 대화 참여자는 대화를 이끌어 간다기보다 대화 자체에 이끌려 간다. 진정한 대화는 우리 자신의 오류 가능성을 인정하는 것으로부터 출발한다. 우리는 아는 것이 없다는 것에 대한 앎이며 따라서 나의 견해와 다른 견해들과 진리들도 진리일 수 있다는 가능성에 대한 개방이다.

대화에서 각각은 일정한 견해와 가정에서 시작하지만 서로 대립하면서 자신의 것을 검토하고 발전시킨다. 통합과 자기화의 과정이다. 대화의 성공적인 결말은 공유된 이해, 즉 모든 대화 참여자들이 처음 가지고 있었던 입장의 변형을 담고 있어야 한다.

동료를 믿고 의지하는 교사가 좋은 교사

놀이중심수업을 하면서 교사들은 늘 불안하고 부담을 느낀다. '내가 하고 있는 것이 맞는 것인지? 이렇게 하는 것이 아이들의 성장에 도움이 되는 것인지?' 아이들의 관심을 좇아 가고 사고를 자극하는 일은 정답이 없다. 매 순간 아이들에게서 눈을 떼지 않고 그때그때 상황에 맞는 판단을 해야 하는 것이 쉬운 일은 아니다. 누구에게나 낯설고 어려운 일이다. 누구도 나에게 답을 줄 수 없는 상황에서 우리가 믿을 수 있는 것은 동료들이다. 내가 하고 있는 고민은 같은 일을 하는 사람들은 대부분은 같이하고 있는 고민인 경우가 많다. 문제에 부딪치는 순간과 상황은 다르지만 본질적으로 고민하는 부분은 다르지 않기 때문이다.

나와 같은 고민을 하고 있는 누군가가 있다는 것은 교사들에게 큰 힘이 된다. 내가 부족해서가 이런 것이 아닌지 하는 불안감을 해소하게 된다. 그리고 내가 하는 고민이 잘못된 방향이 아니라는 확신은 나의 행동을 지속할 수 있는 강력한 동력이 된다. 무엇보다 중요한 것은 전문가 한 사람이 일반인 열 사람의 능력을 뛰어넘지 못한다는 사실을 믿어야 한다. 동료의 힘을 믿어야 한다는 것이다. 그들의 이야기를 듣고 조언을 수용하면 더 쉽게 앞으로 나아갈 수 있다. 함께 아이디어를 만들고 분석하면서 몰라보게 성장한 교사로서의 나를 발견할 수 있게 된다.

한번은 연수를 하면서 한 교사의 수업과 기록에 대해서 다른 교사들이 "저건 저 교사의 수업이 아니라 관리자들한테 계속 물어보고 지원을 받아서 한 거야."라며 약간 폄하하는 이야기를 들은 적이 있다.

그래서? 그게 잘못된 것일까? 아니다. 그것은 그 교사의 현명함이자 훌륭함이다. 하지만 그 교사 스스로가 부족하다고 생각했을 수도 있다. 어떤 이유에서든 자신의 수업에 대해서 열어 놓고 솔직하게 이야기하고 조언을 구할 수 있는 용기가 있다는 것이 훌륭한 교사의 자질이다.

우리가 가는 길은 누구도 100% 확신을 할 수 없다. 만약 확신이 있다고 이야기한다면 무모한 자신감일 것이다. 심하게 이야기하면 고민이 없어서 확신하는 것일 수 있다. 수업을 계획한다고 해서 그대로 진행되는 경우는 거의 없다. 그래서 늘 자신의 계획을 돌아보고 다른 사람의 입장에서 바라보는 시각을 들어 보는 것이 도움이 된다. 우리는 어떤 중요한 일을 계획하거나 결정할 때 전문가들이나 동료의 자문을 받는다. 그런데 수업은 왜 그러지 않아야 할까? 자신의 수업 계획에 대해서 다른 사람의 의견을 들어 보고 도움을 받는 것은 부끄러워해야 할 일이 아니다. 오히려 적극적으로 시도해야 할 일이다. 특히 관리자에게 자신의 수업에 대한 계획을 이야기하고 조언을 구하면 더 많은 지원을 받을 수 있을 것이다. 적어도 관리자들에 의해서 자신의 계획이 수정되는 일을 막을 수도 있다. 그래서 그 교사는 현명하다고 이야기할 수 있다. 그 교사는 자신이 활용할 수 있는 최대의 지원을 받으며 자신의 에너지를 아이들에게 쏟을 수 있을 것이다.

더 적극적으로 선배 교사나 관리자들과 수업과 아이들에 대한 이야기를 나누어야 한다. 그것이 내가 교사로서 성장하고 더 좋은 수업을 만들어 갈 수 있는 가장 빠르고 좋은 길이다. 그래서 유치원이나 학교에서 동료들 간의 협의를 활성화하라고 하는 것이다. 물론 시간이 없고 힘들어서 쉽지 않은 일이라고 할 수 있다. 맞는 말이기도 하다. 그러나 잘 생각해 보면 우리는 행사를 하기 위해서는 많은 이야기를 나누고 회의도 한다. 그런데 교육과정에 대해서, 자신의 수업에 대해서 얼마나 이야기를 나누고 회의를 하고 있을까? 시간의 문제가 아닐 수도 있다는 것이다. 일주일에 한 번이 많다고 생각되면 격주나 한 달에 한 번은 반드시 동료 교사들과 현재의 교육과정의 진행을 돌아보고 수업에 대한 이야기를 나누어야 한다.

학부모들이 좋아하기 때문에 어쩔 수 없이 행사를 해야 하는데 혼자 하는 것이 아니라 협의를 한다는 변명 뒤에 숨을 생각은 하지 말자. 행사 이야기를 하는 것이 교육과정이나 수업에 대한 이야기를 하는 것보다 훨씬 쉽기 때문이다. 그리고 당연히 해야 한다고 생각하기 때문이다.

그러나 교육과정이나 수업에 대해서 이야기를 해 본 경험은 거의 없기 때문에 낯설고 힘들다. 그리고 어렵다. 그래서 더 피하게 되고 적극적으로 참여하지 않게 되는 것이다. 그러나 무엇이 중요한지 다시 생각해야 한다. 지금하고 있는 행사나 이벤트가 아이들에게 수업보다 더 중요하다고 믿지는 않을 것이다.

아이들의 제대로 된 성장을 위해서 어떻게 관심을 끌어내고 지원하며 적절한 질문으로 자극할지를 고민하는 것은 많은 노력과 고민이 필요한 일이다. 교사의 계획이 적절했는지? 제대로 지원하고 있는지? 질문은 아이들의 사고를 더 깊고 논리적으로 체계화할 수 있는 것이었는지? 돌아보고 다시 계획해야 한다.

어려운 일이다. 어렵기 때문에 더 동료들을 믿고 의지해야 한다. 같은 연령끼리는 실질적인 문제를 더 많이 이야기할 수 있을 것이다. 이런 것은 일상적으로 이루어져야 한다. 유치원이나 학교 전체에서 교사들이 모여서 이야기를 하면 전반적인 교육과정의 흐름과 아이들의 성장에 대해서 볼 수 있는 눈을 키워 줄 것이다. 다른 지역의 교사들과 이야기를 나누는 것은 더 많은 아이디어와 서로의 고민을 나눌 수 있는 기회가 된다. 교사들에게 무엇보다 중요한 것들이다. 좋은 교사는 동료들 속에서 만들어지고 동료들과 함께 성장한다.

교사들의 이야기

교사들이 교실과 유치원 현장에서 느끼는 경험들은 생생한 이야기를 전해 주는 힘이 있다. 놀이중심수업을 하면서 교사들은 새로운 환경과 달라진 수업으로 인한 어려움을 토로한다. 그러면서도 교사 스스로는 새로운 도전을 경험하고 성장하는 계기가 되었다고 한결같이 이야기하고 있다. 그럼에도 놀이중심수업은 교사의 끊임없는 집중과 새로운 시도를 요구하기에 쉬운 일은 아니다. 교사들의 솔직한 이야기를 함께 나누는 것은 이런 어려움 속에서도 함께 성장할 수 있는 힘을 줄 것이다.

수업과 아이들에 관한 이야기

놀이중심수업을 통해서 예절, 규칙, 안전보다는 어린이들의 생각을 존중하고 시도해 보도록 격려하게 되었어요.

놀이를 하며 아이들은 "선생님 사진 찍어 주세요." "친구들한테 보여 주세요." 하고 교사에게 요구합니다. 놀이 관찰 사진을 아이들에게 돌려줌으로써, 교사가 아이들의 놀이가 의미 있다고 여기고 있음을 알려 줍니다. 아이들은 놀이의 이슈를 친구들과 공유하며 자기 놀이에 대한 자부심을 느끼게 되는 것 같아요.

놀이 후, 아이들 스스로 평가하고 다음 놀이를 계획하는 시간을 갖는 것은 교사에게나 아이들 모두에게 중요한 의미가 있었어요.

아이를 바라보는 시선이 바뀌니 교사로서 나의 역할을 다시 생각하게 됩니다.

적극적인 아이들 중심으로 놀이가 만들어지며 그 놀이가 전체의 놀이로 계획되는 경우가 걱정되기는 하는데, 소수 아이의 놀이에도 교사가 관심을 가지며 지원하면 더 큰 확장이 일어나기도 하니 교사의 관찰과 적절한 개입이 필요한 것 같아요.

같은 시기에 다양한 놀이가 이루어지고 그중에서 어떤 놀이를 큰 놀이로 이끌어야 하는지 정해진 답이 없어서 그것을 판단하는 것이 가장 어려웠어요.

가장 큰 변화는 교실에 '질문과 제안'이 많아졌다는 것입니다. 놀이를 진행하다 문제가 생기면 또 다른 흥밋거리로 이어져 아이들 모두가 몰두합니다. 그 안에서 놀이의 가장 강력한 힘이 발휘되는 것 같습니다.

'놀이를 어떻게 더 이해시켜야 할까?' '이 놀이에 섞이지 못하는 이유가 뭘까?' 늘 이런 고민이 자리 잡고 있는 것 같아요.

쪽지, 종이, 수첩, 이면지 등 손에 잡히는 곳에 모두 기록하려고 노력했고, 동영상과 사진 파일을 통해 놀이를 되돌아볼 수 있도록 했습니다.

무릎을 세우고 허리를 굽혀 단편적으로 아이들을 바라보지 않고, 바닥에 엉덩이를 깔고 앉아 오래도록 아이들의 눈높이에서 그들의 생활과 놀이를 지켜볼 수 있게 한 교육이에요.

놀이중심이기에 옳고 그름의 개념에서 벗어나 만화, 스마트폰 게임과 관련된 이야기가 놀이의 중심이 될 때 이 놀이를 멈추어야 할지, 지켜보아야 할지, 관심을 돌려야 할지 많은 생각이 들면서 참 어려웠어요. "이건 좀 위험한 것 같은데?" 이런 끊임없는 의문 속에서 매일을 보내요.

아이들에게서 나오는 이야기는 "힘들기는 했는데 좋다." "우리는 다 할 수 있어요." "또 하고 싶어요."였어요. 그리고 친구의 생각을 존중하고, 서로를 칭찬하는 일들이 자연스럽게 일어났습니다.

만 5세 아이들에게 학습적인 부분을 놀이와 자연스럽게 연결 지어 줄 수 있을지에 대한 고민이 가장 컸고, 놀이를 잘 따라가고 있는 것인지, 확장시킬 수 있도록 적절한 자극을 하고 있는지 등등 심리적인 부담감이 있었어요.

관찰과 기록이 정말 가치 있는 과정이라는 것을 다시 한번 깨달았습니다.

어떻게 하면 더 재미있게 놀이를 할 수 있을지 스스로 계속해서 고민하고 생각한다는 것이 의미인 것 같습니다. 결과물이 한눈에 보이지 않는 경우가 생길 때면 항상 불안함을 느꼈던 것 같아요.

아이들이 스스로 깨달을 수 있는 시간을 주며 기다려 주게 되었다는 것이 달라진 것이고, 조금씩 덜어 내고, 내려놓는 연습을 하게 되었는데 이때부터 아이들이 하는 놀이가 더 잘 보였던 것 같습니다.

재활용품으로 집을 만드는 놀이를 하면서 아이들이 수영장을 만들 때 다양한 시도, 탐색으로 아이들이 발견을 스스로 하도록 기다리는 것은 쉽지 않은 일이었습니다. 교사는 아이들이 심심해하는 것에 너무 부담이 크고 참아 내기 어려웠는데 기다리는 과정에서 아이들의 다양한 생각을 이끌어 낼 수 있었습니다.

 가게놀이를 하면서 물건을 살 때 처음에는 그냥 물건만 주고받고 있어서 개입을 해야 하는지 고민했지만 지켜보고 있으니 아이들이 스스로 물건을 팔 때 돈을 받아야 한다는 것을 인지했습니다. 돈의 필요성이 제기되었음에도 교사는 돈을 주지 않고 기다리기로 했어요. 그랬더니 카드 결제를 하기도 하고, 종이에 직접 화폐를 그려서 사용하기도 했습니다. 그 시점에 실제 화폐를 관찰하게 하고 화폐에 들어가야 할 요소에 대해서 생각하게 하니 아이들은 자신들만의 화폐를 만들어서 사용했습니다. 아이들은 이렇게 기다릴 때 자신들의 유능함을 드러내는 것 같습니다.

 《행복한 줄무늬 선물》이라는 책으로 동물에 대한 관심을 높이려고 했으나 아이들은 교사의 희망과는 달리 동화의 한 장면에서 관심이 전환되었습니다. 다친 동물의 다리를 고치는 장면에서 배경으로 등장한 강물에 한 아이가 전혀 예상치도 않았던 관심을 보이며 '물속에는 무엇이 있을까요?' 하는 질문을 하자, 아이들의 관심이 '강물 속에 무엇이 있을지'로 쏟아졌기 때문이에요. 이렇게 아이들의 관심은 교사가 예상하지 못한 방향으로 흘러가기 십상인데 사실 이럴 때 교사는 당황스럽습니다. 그럼에도 교사의 의도와 계획을 포기하면 자연스럽게 아이들의 관심과 흥미를 좇아 갈 수 있는 여유가 생기는 것 같아요.

동물놀이에서 아이들과 생각 모으기를 한 후 동물들을 분류하는 기준을 아이들 스스로 정하도록(유목화) 했습니다. 그런데 올빼미와 부엉이의 차이에 대한 아이들의 기억이 서로 달라서 벤다이어그램으로 차이점과 공통점을 표현해 보도록 하니, 두 동물의 차이와 유사성이 명확해졌어요. 동물들을 분류한 후 아이들은 힘쎈 동물원을 만들기로 했고 아이들의 생각에 따라서 동물을 배치하기로 하고 책상과 교구장으로 각 구역을 나누고 동물원의 길을 표현했습니다. 동물원을 만든 후에는 동물원에 필요한 것들을 생각해 보고 힘쎈 동물원 입장권이 필요하다는 의견에 따라서 아이들이 직접 입장권을 만들도록 했어요. 입장권에 필요한 정보를 알아보고 아이들이 필요한 그림과 글자를 스스로 그리고 쓰도록 했습니다. 글씨 쓰기가 어려운 아이들은 교사가 써 주는 내용을 따라 써 보도록 했어요. 시간이 좀 더 걸리더라도 아이들이 스스로 판단하고 직접 만들도록 하는 것은 아이들의 배움을 위해서 매우 중요한 과정이라는 생각이 듭니다.

'이게 맞는지?' 하고 늘 고민이 됩니다. 그렇지만 교사가 고민할수록 아이들의 놀이가 좀 더 정교해지는 것을 느낍니다. 질문을 많이 한 것이 효과를 보이는 것 같고 아이들이 다음에 어떤 제안을 할지 궁금해지고 기대가 됩니다.

아이들과 같이 성장하는 교사라는 느낌을 받고 아이들과 교사의 생각이 같이 만나면 해결되는 것이 많아진다는 것을 배우고 있습니다. 그럼에도 아이들이 "못 하겠어요."라고 하는 것이 속상해요. 실패해도 괜찮다는 것을 알려 주고 싶지만 아이들은 선뜻 도전하지 못하는 모습을 보입니다.

놀이중심수업이라는 것은 아직까지는 너무 어려워요. 원래 했었던 활동과 전혀 다른 활동을 해야 하고 기존에 했던 것을 엎어야 한다는 생각에 짓눌려 있었던 것 같습니다. 교사로서 '어디까지 지원해야 하나?' 그리고 '발문은 어떻게 해야 하나?'에 대한 고민이 해결해야 할 과제입니다.

놀이중심수업을 하면서 한 번 더 수업을 생각하게 되는 기회를 가지게 되었고 긍정적인 교사가 되려고 노력하지만 아이들과 함께 있는 것이 늘 즐거운 것만은 아닙니다.

허용적인 교사가 되고 싶습니다. 교사가 허용적이 되면 아이들은 도전심을 더 가지게 되는 것 같습니다. 교사로서 바람은 아이들이 놀이할 때 즐거움을 충분히 느꼈으면 좋겠다는 겁니다. 나의 어릴 때 감정을 떠올리면서 아이들에게도 그 감정을 느끼게 하고 싶습니다.

실천 사례로 의자를 이용해 워터 파크 놀이를 하는 것을 보고 예전 같으면 의자가 위험하므로 제지했겠지만 위험한 환경에 노출시키는 것이 좋겠다고 생각해서 허용하게 되었습니다. 스스로 돌이켜 보면 아이들에게 제한하는 것이 줄어들고 있음을 깨닫습니다. 위험에 노출시킬 수 있는 용기가 생긴 것인데 이런 과정을 통해 스스로 배우는 것이 큰 것 같아요.

어떤 교육관을 가지고 교실을 끌어 나갈까에 대한 고민이 깊어지는 것 같습니다. 아이들의 마음을 읽어 주지 못하는 스스로의 모습을 직면하고 깨달음을 얻게 되었습니다. 아이들과 같이 궁금해하다 보니 아이들의 생각에 관심 가지게 되고 '내가 알려면 어떻게 해야 할까?'라는 질문을 스스로에게 던지다 보니 교사로서 어떻게 해야 할지 길을 찾게 되는 것 같아요.

질문을 하면 아이들이 스스로 답을 찾는다는 믿음이 생겼습니다. 친절하게 알려 주고 긍정적인 반응을 하는 것보다 질문이 스스로 생각하고 성장하도록 돕는 것 같습니다. 이제 아이들도 질문을 하면 다시 질문으로 반응하게 되었습니다. 이렇게 되니 서로 소통도 많이 하게 되고 아이들끼리의 소통도 늘어났습니다.

놀이중심수업을 처음 시작할 때는 정말 막막했습니다. '노는 것을 그냥 지켜봐도 될까?'라는 단순한 고민은 컨설팅을 통해서 놀이에 담겨 있는 생각, 사고를 자세히 보게 되는 태도로 전환되었습니다.
질문에 대한 고민으로 같이 답을 찾아보게 되고 아이들이 놀이하는 것을 자세히 보고 발견하려고 노력하면서 아이들이 성장하는 것을 확인할 수 있었습니다.
교사 스스로에게는 놀이 저널을 쓰는 것이 교사로서 성장에 큰 동력이 된 것 같습니다. 아이들이 열심히 놀아야 쓸 것이 많아지므로 아이들이 더 많이 놀도록 지원하게 되었습니다. 이를 위해서 허용적인 환경을 만들고 있는데 아이들이 스스로 찾아서 놀도록 허용하고 있어요.

우리 유치원에서는 놀이중심수업에 대한 컨설팅을 하고 있는데 컨설팅하기 전과 후가 많이 달라졌습니다. 처음에는 컨설팅 내용이 실현이 가능한 것인지 의문이 들었고 제 나름대로 해석해서 실행하고 피드백을 받았을 때 내가 생각한 방향과 달라서 좌절하기도 했습니다. 이렇게 시행착오를 겪으면서 선생님들끼리 모여서 많은 이야기를 나누면서 크게 도움이 되었습니다.

이제는 질문하는 방법도 달라지고 늘 놀이를 어떻게 확장을 시킬 수 있을지 고민하고 있어요. 자기 전까지도 여기서 어떻게 가야 할지 고민하는 자신의 모습에 변화를 절감하고 있습니다.

수업을 잘하는 교사에서 아이들의 주도적 배움을 위해서 무엇을 도와줄 것인지 고민하는 교사로 변한 것이 가장 큰 교사로서의 성장이라고 생각됩니다. 그러면서 교실이 많이 달라지고 있습니다.

나는 욕심이 많은 교사였어요. 그래서 나의 계획을 내려놓는 것이 너무 어려웠습니다.

학기 초에 이야기 나누기 할 때는 비슷한 패턴이 많았으나 점점 아이들의 생각이 다양해지고 있습니다. 아이들이 자랐을 때 도움이 될 것으로 생각됩니다. 아이중심이어야 한다는 것이 부담이었는데 교사 주도도 나쁜 것은 아니라는 이야기를 들으면서 도움이 되었습니다. 교사가 경직된 사고를 벗어나서 유연하게 접근하는 것이 중요한 것 같습니다. 놀이중심수업 연수를 들으면서 '적은 수의 아이들이 주된 사례라 저 정도니까 가능하지'라는 생각을 하고 그런 환경이 부러웠는데 아이들의 수가 많은 것이 나쁘지만은 않은 것 같습니다. 아이들의 수가 어느 정도 되어야 놀이가 다양해지는 장점도 있습니다.

선생님만 준비되면 아이들은 다 해낼 수 있다는 이야기가 사실이었습니다. 민감하고 유연한 아이들을 어떻게 지원할 수 있을까 늘 고민이었습니다. 처음에는 교사는 뒤에서 지켜보면 될 것이라고 생각했어요. 교사는 지원하는 역할이라고 하는데 무엇을 지원해야 할지 몰랐던 것이 사실입니다. 학교에서 배운 것을 하나씩 써먹는 데 급급했어서 아이들의 놀이에서 무엇을 지원해야 한다는 것이 낯설었습니다. 지금 하고 있는 컨설팅을 통해서 우리 유치원뿐만 아니라 다른 유치원 교사들과 함께 아이들이 놀이를 어떻게 관찰하고 지원해야 할지 모여서 이야기하다 보니 주제는 다르지만 아이들에게 어떤 지원을 해야 할지 방향을 잡게 된 것 같습니다.

만 3세 담임을 할 때 컨설팅을 시작했습니다. 여러 가지 이야기를 들었지만 처음에는 가능할지 의문이었습니다. 그렇게 자신이 없었지만 따라가려고 노력했고 이제 만 4세의 담임을 하고 있는데 아이들은 놀이의 경험이 있어서인지 스스로 다양한 아이디어를 내고 있습니다.

업사이클링 놀이를 하면서 남자아이들이 참여할 수 있을까 고민했는데 블록놀이에 빠져 있는 아이들에게 유치원에서 안 쓰는 블록이나 장난감을 제공하니 블록에 대한 관심이 높아서인지 적극적으로 참여하면서 다양한 것들을 만들어 냈습니다. 아이들의 관심을 유심히 관찰하면 어떤 방향으로 지원해야 할지 길이 보이는 것 같습니다.

놀이중심수업을 하라고 했을 때 처음에는 막막했어요. 어떻게 놀이를 바라봐야 할지도 모르겠고 주제도 없이 아이들을 따라가야 해서 힘들었습니다. 교사도 힘들었지만 아이들도 힘들었던 것 같습니다. 경험이 없는 상태에서 스스로 아이디어를 내고 하고 싶은 것을 찾아 보라고 하니 아이들에게도 어려웠던 시간이었습니다.

놀이 순서에 맞춰서 분류하고 다 같이 할 수 있는 것에 먼저 집중하기로 하고 작은 놀이는 오후 시간에 해소하도록 했습니다. 이렇게 하다 보니 아이들에게 놀이를 맡겨도 불안하지 않고 안심이 되는데 특히 아이들이 좋아하고 흥미 있어 하는 놀이는 커지는 경향을 보이는 것을 보고 아이들의 관심을 좇아 가게 됩니다.

컨설팅을 받았지만 큰 변화는 없었습니다. 아이들과 놀이를 하면서 교사의 내려놓음과 인내가 필요하다는 것은 이해했지만 여전히 놀이를 마무리해야 한다는 생각에 교사의 개입과 지원의 범위를 결정하는 것에 어려움을 겪고 있습니다. 시간이 필요한 일인 것 같습니다. 교사가 질문을 많이 해야 한다고 하는데 어떻게 해야 할지 쉽지 않아요.

여전히 교사가 이끌어 가는 모습을 스스로 발견하고 아이들에게 기회를 주기보다 개입이 먼저인 경우가 많지만 서서히 변해 가고 있습니다. 아직까지 크게 변화했다고 이야기할 수는 없지만 아이들과 함께 걸어가는 교사가 되고 싶다는 마음은 확고합니다. 이런 마음을 가지고 있지만 하루 일과를 생각하다 보면 마음이 바빠지게 되는데 크고 여유 있게 생각하는 교사가 되고 싶어요.

우리 유치원은 프로젝트 수업을 하고 있는데 아이중심입니다. 프로젝트 수업에 대해서는 지금도 배워 가고 있는 과정입니다. 놀이중심수업을 하다 보니 프로젝트를 했던 것이 더 편했던 것 같습니다. 놀이중심수업에서는 교사가 어디서 어디까지 개입해야 하는지 고민이 됩니다.

놀이중심수업에서는 아이들을 더 자세히 관찰하게 되는데 아이들을 관찰할 때 아이들의 개인적인 성향을 더 잘 파악할 수 있게 되고 그것이 아이들을 자극하고 발전시키는 면에서 크게 도움이 됩니다.

교사 문화의 변화에 대한 이야기

동료 교사 간 활발한 의사소통의 기회가 많아 서로에 대한 격려와 지지를 통해 긍정적이고 협력적인 관계를 유지하는 것이 힘이 되었습니다.

동료 교사들끼리 각 반의 흥미와 개성을 존중하고 서로를 배려하며 협의하는 문화가 형성되었습니다. 하지만 그 안에서도 보이지 않는 수직 관계 속에서 저경력 교사들의 자유로운 시도와 도전에 어려움이 있는 것도 해결해야 할 문제인 것 같아요.

연령 간, 담임 교사 간의 소통은 잘 이루어지고 있으나 전체 담임과 부담임의 소통의 시간이 부족하다는 아쉬움이 있습니다.

수업 연구를 소홀히 하지 않게 되었고 동료 교사들에게서 배울 점이 참 많습니다.

회의의 대상은 늘 '아이'이기 때문에 선배 교사와 후배 교사 사이에 선은 있지만 벽은 없습니다. 계속해서 소통하려고 노력하기 때문에 제자리에 머무르지 않고 성장하는 것을 느낍니다.

교사들끼리 이야기를 나누는 협의회가 활성화된 것도 도움이 되었습니다. 협의의 힘이 중요하다는 걸 협의회를 하면 할수록 깨닫게 됩니다. 다른 선생님들의 생각에서 내가 보지 못하는 부분을 보게 되면서 오늘도 '다양한 주제가 있는데 나는 왜 못 했을까?'라는 반성과 '나도 해 보면 좋겠다'는 자극이 됩니다.

학부모 관계에 대한 이야기

상담은 늘 부담이 됩니다. 그렇지만 평소 일상적인 에피소드나 그날 일어난 상황에 대해서 짧게 이야기 나누는 것만으로도 부모님들은 '내 아이에게 관심을 가지고 있구나' 하고 느끼는 것 같습니다.

ZOOM을 통한 학부모 모임을 가져 보니 그동안 어떻게 놀이했는지, 그 놀이에서 어떤 교육적 가치를 발견했는지 함께 소통할 수 있었다는 것이 꾸며진 영상으로 하루 일과를 보여 주는 것보다는 교육과정 이해에 훨씬 효과적이었다고 느꼈습니다. 학부모님들의 반응 또한 매우 긍정적이었습니다.

수업을 열고 부모님과 소통을 할수록 오히려 교사로서의 권위는 지키고 있는 것 같다는 느낌을 받습니다.

상담 시 오해가 생길 수 있는 부분이 조심스럽고 늘 부담이 따르지만 끝내고 나면 '하길 잘했다'는 생각이 드는 것이 학부모 상담인 것 같아요.

학부모님들의 자발적인 참여가 적극적으로 이루어질 수 있도록 교사가 더 열고 노력해야 할 것 같습니다.

만 3세의 경우 유치원 수업의 참관은 필수인 것 같습니다. 이런 소통을 통해 더욱 편해지고 안정적인 관계가 형성될 수 있었습니다.

유치원은 아이와 교사가 행복한 곳이어야 좋은 교육이 가능합니다. 그런데 아동중심이라는 용어가 교사가 아이의 모든 것을 맞춰 주어야 하는 것처럼 변질되고 서비스라는 개념이 자리 잡고 있는 것이 교사의 교육 활동을 제약하고 있습니다.